岸本憲一良・中野登志美 監修　花岡鉄平・住江めぐみ 編著

中国・国語教育探究の会 著

小学校国語科

「批評読み」「提案読み」の課題・発問モデル

明治図書

監修の言葉

　子どもたちに，不透明なこれからの時代を力強く生き抜いていく力を身に付けてほしい。これはすべての教員の願いである。そのために，子どもたちが決して受け身になることなく，主体的に学習に取り組みながら確かに力を身に付けていく授業を構築したい。

　私たち中国・国語教育探究の会では，3年ごとに研究テーマを設定し，1年ごとに焦点化した副題を設けて研究，実践に取り組んでいる。そのすべてに共通しているのが，「子ども主体」という考え方である。

　本書『小学校国語科「提案読み」「批評読み」の課題・発問モデル』は，読むことにおける「子ども主体」の授業の在り方について考え，実践を検討しつつ課題・発問のモデルについて示したものである。説明的文章の授業では「提案読み」を，文学的文章の授業では「批評読み」をそのベースにしている。

　子ども主体の授業の構築を考えるとき，読むことの授業において「3つの壁」が存在するように感じている。

　1つは，単元の入り口，1単位時間の入り口，すなわち「授業の入り口の壁」である。これを乗り越えるためには，テクストの特性を生かしつつ，子どもたちにとって魅力ある課題，子どもたちが必要感をもつことができる「めあて」等に留意する必要があろう。また，これらを子どもたちとともに設定していくという観点をもつことも大切である。

　もう1つは，「表層の読みと深層の読みの間の壁」である。テクストに書いてあることは指摘できても，その奥にあるものにはなかなか気づくことができない。自分なりの考えを形成することも難しい。子どもたちを深い学びに導く課題や発問，共創的な対話の組織化等が望まれる。個々が抱く問いを大切にしつつ，子どもたち自らが問いを紡いでいくことも重視したい。

　最後に，授業で身に付けた力を授業内や教科内で収束させることなく，子どもたちの実生活や将来に転化，活用されるべき「読みの方略としてストックさせることの壁」である。これを乗り越えるためには，変容に着目した評価，メタ認知等がキーになってくるであろう。

　読むことの授業をすすめる上で悩みを抱いている先生，同じような壁を感じている先生も多いと思う。本書が，そのような先生方の問題解決の一助になれば幸いである。

2021年7月

岸本　憲一良

中野　登志美

はじめに

　「授業の主体者は誰か?」と問われれば,誰もが「子ども」と答えるだろう。では,「国語科の授業が,実際にそうなっているか?」と問われればどうだろうか。その問いに向き合うとき,「学習課題は誰のものか?」「発問は誰のものか?」と,問いを細分化してみると見えてくることがある。学習課題は,子どもの問いの意識に根差した解決したいもの・必要感のあるものになっているか。発問は,単に教師から発せられるのみではなく,子どものうちに,問いとして立ち上がるものに,また時に,子ども自身から発せられるものになっているか。そうした思いを込めて,本書の題名に「課題・発問モデル」を掲げた。そして,そうした学びの中で,資質・能力を育んでいく授業をつくる有力な手立てとして,「提案読み」と「批評読み」という読み方を提案した。

　第1章では,これからの時代を生きる子どもに育んでいくべき力を見据え,国語科授業の課題・発問がなすべき役割を押さえた上で,「提案読み」と「批評読み」の論理的骨格を示す。大切にしたのは,時代の変化を前向きに受け止め,真に子どものための授業改善を行っていくという意識である。

　第2・3章では,12人の授業者の実践を基に「提案読み」「批評読み」の授業の具体を示す。授業者は皆,理論に当てはめて実践を行うのではなく,理論をヒントによりよい実践を行うこと,つまり,理論を突き抜けた実践を行うことを念頭に置いている。それにより,「提案読み」「批評読み」の「方法」だけでなく,「何を大切にすべきか」が,よりはっきりと見えるようになっていると考える。

　第4章では,教科書会社2社の説明的な文章・文学的な文章のほぼすべての教材を取り上げ,子どもの教材の捉え方とそれを生かした「提案読み」「批評読み」につながる発問アイデア例を挙げている。このとおり単元を流せばよいというHow-toとしてではなく,年間を通した授業づくりの際に,教師自身が問いをもつきっかけとなることを意識して編んだものである。

　また,章の間に,現代的なトピックを取り上げた3つのコラムを掲載している。独立した読みものでありながら,各章の内容と合わせて読むと,子ども主体という一貫したテーマをつかんでいただけることと思う。

　本書をとおして,読者の皆様の「子ども主体」観の再考に寄与できれば幸いである。

　最後に,こうした実践研究に価値を見出してくださり,出版の労を取ってくださった明治図書編集部の大江文武様に心から感謝したい。

2021年7月

花岡　鉄平

｜ 目 次 ｜

第 1 章

「提案読み」「批評読み」による
国語科の授業デザイン

第 2 章

「提案読み」でつくる
説明的文章の課題・発問モデル

第**3**章

「批評読み」でつくる
文学的文章の課題・発問モデル

第 **4** 章

「提案読み」「批評読み」の 年間発問アイデア集

第1章

「提案読み」「批評読み」による国語科の授業デザイン

1

AI 時代と国語科授業～子ども主体の意味～

1　AI 時代の到来とこれからの社会

　例えば，少し先の未来の病院にて。患者の問診を行いつつその身体データを自動収集して症状を正確に把握し，古今東西の膨大なデータとの比較を行った上で原因となる病気を特定，最適な治療法を提案するロボットの姿。医師は，「病気と向き合う」ことをロボットに任せ，自らは「患者と向き合う」という，より人間的な活動に注力する。

　近い将来，私たちの生きる社会のあらゆる分野で，こうした状況が起こることが予想されている。そうした社会を，国はこれまでと大きく異なる Society5.0 と位置付けている。

> Society5.0 …狩猟・農耕・工業・情報社会に次ぐ第 5 の社会。仮想空間と現実空間を高度に融合させたシステムにより，経済発展と社会的課題の解決を両立する人間中心の社会

　現実空間での生活が膨大なデータとして仮想空間に取り込まれ，関連付けられ，情報・知識にまで整理された上で，これまでにない有益な情報として現実空間にフィードバックされる「超スマート社会」の到来。その中核となる技術が，AI である。

　これまでは，人間がデータを処理し，価値ある情報に整理し直す必要があったため，扱えるデータ量には限界があった。また，有益な情報にアクセスできる立場や技術の差が，そのまま受ける利益の差となってきた。Society5.0 では，データの収集もそれを情報に整理する役割も AI が担うようになるため，扱われるデータ量が圧倒的に増え，質量共にこれまでにない情報が，すべての人に行き渡るようになる。すべての人が，人間にしかできない仕事と向き合うことができる「人間中心の社会」と位置付けられているのだ。つまり，これからの社会は，AI との争いに勝利することを目指すのではなく，AI を人間の可能性を広げてくれるものとして受け止め，より人間らしく生きていくことを目指すものだといえる。

　では，人間の仕事がデータの収集・整理よりも，AI が整理した情報をいかに使うかにシフトしていく社会を生きていくために，求められる力とは何だろうか。もはや人間を圧倒するかに見える AI であるが，実はまだまだ人間のもつ本当の意味での知能には及ばない部分が大きく，近い将来それが逆転することは考えにくいという。そうした人間の強みたる力に目を向けることは，身に付けるべき力を見通すヒントになりそうだ。

2 「人間中心の社会」で求められる力

　藤本ら（2019）は，問題解決を4つの段階に分けて，AIにできることと人間がなすべきことを整理している。

> ①解決すべき課題を定める力（**動機**）→②何が正解かを定める力（**目標設計**）→③考えるべきことを捉える力（**思考集中**）→④正解へとつながる要素を見つける力（**発見**）

　AIは，①動機や②目標設計の力をもたないため，何を課題とし，何を正解とするかを決めるのは人間の仕事となる。また，問題解決に必要な要素に焦点化していく③思考集中の力も不十分であり，ここでも人間の補助が欠かせない。その上で，膨大なデータという，質より量の力を用いて，人間には不可能な速度や精度での「正解」を④発見する。しかし，AIと人間の思考の方法は異なるため，それがなぜ正解といえるのか，どんな価値をもつのかを解釈するのは，やはり人間の仕事となる。

　このようにAIは，与えられた問いから条件に合う正解を導くことに圧倒的な力を発揮する一方，問い自体を生み出すことはできない。つまり，考えるべき価値のあることやその解決の方向性を見出す力，すなわち「**問いをデザインする力**」は，人間の強みの一つといえる。答えを見出すことが大切なのは言うまでもないが，それに偏る傾向はなかっただろうか。一人一人が問い自体を見出し，価値ある問いに磨き上げていくことは，今後より必要な力となるだろう。

　同じように，目の前の情報が自分たちにとってどのような価値をもつかを見極める力，すなわち「**意味付ける力**」もまた，人間の強みといえる。同じ情報であっても，与えられる「意味」が異なれば，その価値は変わってくる。その意味付けからさらに，問いやつながり，新たな探究のきっかけが生まれることも少なくない。

　もちろん必要な力は他にも多くあるが，ここでは2つに絞って考える。これらの力は，これからの社会でますます求められる力だからだ。目指すべき「人間中心の社会」とは，「経済発展と社会的課題の解決を両立させ，人々が快適で活力に満ちた質の高い生活を送ることのできる」社会である。私にとって，あなたにとって，社会にとっての快適さは並立できるか。そもそも「快適」とは何か。これまでとは非連続といえるほど劇的に変わる不確かな社会において，今まで以上に多様な他者と，それらの答えを見出していくためには，共に考えるべき価値ある問いをデザインすることが欠かせない。その上で，論点を見据えながらも多面的・多角的に対話し，見出された情報を意味付けていくことが必要となる。

　このように，「問いをデザインする力」「意味付ける力」は，「人間中心の社会」を自分たちで実現していくための鍵といえる。では，そうした力を育てていくために必要なことは何だろうか。「読むこと」の授業づくりから考えてみたい。

3 「読むこと」で育てる「問いをデザインする力」「意味付ける力」

　ここまで述べてきた力について，子どもに「必要だからやりましょう」と押し付けたのでは，「問いをデザインさせられる」「意味付けさせられる」子どもの姿が現れるだけで，根本的な解決にならない。求めるのは，それらを「したくなる」「する必要があると感じる」子どもの姿である。つまり，子ども側から**学びの必然性**が立ち上がってくるような授業の構想が大切になる。

　まず，子どもが**「問いをデザインする」**ことについて考える。これは，単に疑問形の文をつくるということではなく，子どもにとって追究する必要感のある疑問や願いをもつことから始まる。活動の形よりも，子どもの内面に気になることが生じているかに着目したい。そこから，読みを深めるなどの目的に向けて価値ある問いに練り上げたり選んだりしていく。

　大切なのは，自分がもったり練り上げたりした問いが，読みに生かされているという実感を子どもが積み重ねていけるようにすることである。「問いのデザイン」が子どもの中で意味のある活動と認識されていけば，「問いをデザインする力」につながっていくだろう。

> ㈨素朴な疑問から追究すべき問いを立ち上げる
> 　目的を共有して，その達成に近付く価値ある問いを吟味する
> 　視点をもった問いづくりを積み重ねて，価値ある問いの共通認識を築く　　など

　次に，子どもが**「意味付ける」**ことについて考える。授業の中に，子ども一人一人が意味付けを行う場面は多い。直観的な選択を意味付けることもあれば，単元末にその作品を読んだこと自体を意味付けることもあり，その意味合いにも大きな差がある。ここでは特に，1単位時間で，友達との対話を経て，自分自身の読みを意味付けていく場面について考えたい。

　大切なのは，これもやはり，意味付けることの意味を子ども自身が感じられるようにすることである。そのためには，意味付ける活動だけでなく，その前提となる1時間の学び自体が，一人一人の子どもにとって発見や納得のあるものになっている必要がある。価値を感じ，自覚的に行うからこそ，活動は「力」となって次につながっていくのである。

> ㈨最も好きな会話文を選び，人物像と関連付けて説明する
> 　筆者の述べ方のよさを価値付けて，自分がそれを使う場を想定する
> 　互いの意味付けを交流する中で，汎用性のある観点を見出す　　など

　このような力を育てるためには，子ども自身が取り組む意味を感じ，意図をもって行う**子ども主体**の活動が求められる。一過性の楽しさや教師の巧みな乗せによる授業ではなく，子どもの内に広がる思いに突き動かされて読みが広がっていくような授業づくりを行っていきたい。

4 子ども主体の国語科授業

中央教育審議会答申（2021）では，目指すべき「令和の日本型学校教育」の姿を「全ての子供たちの可能性を引き出す，個別最適な学びと，協働的な学びの実現」とし，これらを一体的に充実させる必要が述べられている。さらに，個別最適な学びについて次の点が示されている。

> これからの学校においては，子供が「個別最適な学び」を進められるよう，（中略）これまで以上に子供の成長やつまずき，悩みなどの理解に努め，個々の興味・関心・意欲等を踏まえてきめ細かく指導・支援することや，子供が自らの学習の状況を把握し，主体的に学習を調整することができるよう促していくことが求められる。

個別最適な学びというと，例えば，タブレットで各自の学習状況に合わせた問題を解くような印象が強い。しかし，「個々の興味・関心・意欲等を踏まえ」ることや「子供が自らの学習の状況を把握し，主体的に学習を調整することができるよう促していく」ことなど，ICTにのみその解決を委ねるものではないことが分かる。むしろ主眼は，子どもが自らの思いを生かし，自覚的に学ぶという子ども主体の学びが成立しているかどうかにあるのではないか。学びが自分事となり，一人一人が意義を感じられるものになれば，もう一方の**「協働的な学び」**も自ずと充実したものになっていく。

「問いをデザインする力」「意味付ける力」も，一人一人が自分自身の問いに根差した目的意識をもって学びに向かっているか，自分の学びをどう捉え意味付けているかという，子ども主体の学びにあって初めて輝くものである。そうした子ども主体の学びのある授業は，子どもの側に立った教材研究に始まる。この教材を読んで，子どもは何を問うだろうか，何に価値を感じるだろうか。そうして捉えた**教材の特性**を生かして授業をつくっていくことで，教材や書き手と向き合うような読みが生まれていくだろう。

予測困難な社会に生きるのは，私たち教師も同じだ。子どもに付けたい力は，私たちに求められる力でもある。教師が，自らの実践を問い直し，意味付けていくという主体的な取り組みを繰り返すことで，子どもの反応も変わっていくだろう。子どもの主体的な学びを保障するためにも，私たち自身が社会の変化に対して主体的であることから始めたい。　　　　　**（花岡鉄平）**

〈引用・参考文献〉

内閣府「第5期科学技術基本計画」2016年1月，https://www8.cao.go.jp/cstp/society5_0/

藤本浩司・柴原一友『AIにできること，できないこと』日本評論社，2019年2月，pp.58-73

中央教育審議会「『令和の日本型学校教育』の構築を目指して～全ての子供たちの可能性を引き出す，個別最適な学びと，協働的な学びの実現～（答申）」2021年1月，pp.3-19

Wayne Holmes, Maya Bialik, Charles Fadel『教育AIが変える21世紀の学び』北大路書房，2020年11月

2

子どもの読みが生きる課題・発問

　前項では，「問いをデザインする力」の意味や価値について述べられてきた。授業における問いとは，**単元の学習課題**やそれを**追究する過程での問い**などである。本項では，それらを子どもがデザインする際の一助となる初読の感想や発問の在り方について述べる。

1　子どもの読みから学習課題をつくる

　子どもの主体性に関与する学習課題は，授業者と子どもとが一緒に設定していくことが望ましい。その方法の一つとして，物語文や説明文の授業では，子どもの**初読の感想**を生かして学習課題を設定することが考えられる。子どもが初読で感じることを想定して，授業構想をする授業者も多いであろう。しかし，単に感想を出させるだけでは，学習課題へと練り上げるのが難しくなる。子どもの感想は，教材全体に関わるものや細部に関わるものなど，多種あるからである。そうなると，授業者がねらいとする疑問や感想を述べているものだけを取り上げて学習課題を設定したり，関連のない課題を複数設定したりすることにつながりかねない。藤井（2018）は，子どもの問いを出発点とした学習課題の設定について，次のように述べている。

　　多くの場合，子どもから出された初発の「問い」を，そのまま学習課題としても表面的な調べ活動で終わってしまいます。しかし，その子どもの「問い」の根底には，その子ども固有の理由があるはずです。ですから教師は，そのような「問い」をそのまま学習課題とさせるのではなく，追究が広く深く発展するような学習課題へと練り上げさせなければなりません。
　　i　その子どもと対話をして，その「問い」の根底にあるその子どもの興味・関心，生活での感情や願いなどを探る。
　　ii　それら根底にあるものに共感し，その「問い」を価値づける。
　　iii　その子どもの得意や可能性を考慮して，その「問い」の発展可能な方向について示唆を与えて考えさせる。

　藤井は，「問い」の根底にある，理由，興味・関心，感情，願いなどを捉え，それに共感しつつ，追究する方向を一緒に見定めることを述べている。「問い」を感想と置き換えて，生かし方を思案してみたい。
　子どもの初読の感想の中で，根底にあり，追究していくものとは何か。それは，**教材の特性**

にふれた部分であろう。例えば，「おおきなかぶ」では，出来事の繰り返しと変化を楽しんだり，「アップとルーズで伝える」では，２つのものを比較したりして読んだ感想が表出される。これは，書き手の意図が，読み手である子どもに届き，子どもは無自覚であるが教材の特性にふれていると考えられる。授業では，子どもが無自覚にふれていた教材の特性に自覚的になることを促したい。そうすることで，物語文や説明文を読む楽しさが増すからである。このように考えると，感想を学習課題へと練り上げる際の起点になるのは，感想の中で，子どもが無自覚にふれている教材の特性にかかわる部分である。

しかし，先に述べたように，単に感想を聞くと多種に及び，共感すべき根底にたどり着くことが難しくなる。そこで，**感想の視点を共有**しておくことが大切である。「面白かったところ」や「分かりやすさ」などの視点があることで，子どもは共通の土台で感想を交流できる。そして，交流の中で，自分たちが感じたことの意味を追究する学習課題が設定できるとよい。

第３学年「すがたをかえる大豆」の授業実践では，「大豆について分かったこと」という視点で初読の感想を交流した。
- ・「納豆が大豆からできるのは知っていたけれど，枝豆は知らなかった」
- ・「大豆を毎日食べていると思っていなかった」
- ・「豆腐を作るのは大変そう」
- ・「昔の人が工夫していることが分かった」
- ・「すがたを変えるというのは，いろいろなものに変わるということだと分かった」
- ・「大豆はすごい」

初めて知ったことに対する素直な驚き，先人の知恵や大豆のもつ素晴らしさに感心した内容など，「大豆について分かったこと」がたくさん出た。これらは，書き手の事例選択や段落構成などの工夫によって，読み手である子どもに生じた思いである。子ども自身は，そのことに気づいてはいない。授業では，「驚いたなとかすごいなと感じたのは，筆者の国分さんの書き方にどのような工夫があるからなのかな」と，大豆への関心を高めた筆者の書き方を探る学習課題を設定することになった。

初読の感想の視点は授業者が示すことが考えられるが，教材の特性に子どもの実態を加味して，感想が溢れ出るようなものにしていきたい。子どもが自らもった感想や疑問を基に学習を進めていくことは，「問いをデザイン」し主体的に読むことと大いにかかわりがあると考える。

2 発問に対する構え

学習課題が，単元を通して追究していくものであるならば，追究の過程で小さな問いと答えの積み重ねが生じる。小さな問いがもてるような働き掛けの一つが発問であろう。

発問と質問や指示との違いや発問の分類，一単位時間内の発問の構成順序などが，これまでも整理されてきている。このことにとらわれずに，発問を考えるときには，その役割を大切にしたい。岩永（2013）は，授業づくりと発問について，次のように述べている。

　　言語形式から見れば，指示しているだけに見えても，学習者のうちに問いが湧き起こり，
　　問題追求が促されることがある。この場合には，発問の分類よりも授業者の指導言が授業
　　のある局面で果たす機能が重要な意味をもつことになる。こう考えると，授業づくりのた
　　めには，発問をあまり限定的にとらえずに，授業者のさまざまな教授行動を視野に入れた
　　うえでとらえておくことが有効である。

　発問―答えの応答と捉えると，答えが出るための発問を考えたり，答えが出るまで発問を重ねたりしてしまい，授業者の意図が強く出た授業になる。そうではなく，**教科の本質にかかわる問い**が，子どもに生じるものかどうかで捉えていきたい。

　「すがたをかえる大豆」の授業実践では，大豆製品の事例が述べられている順序についての話し合いが，次のように進んだ。
　　・「作り方が簡単なものが最初のほうで説明されている」
　　・「確かに，煮豆やきなこに比べて，みそや納豆は時間がかかるし難しそう」
　　・「手を加えていないものが初めにきている」
　　・「枝豆ともやしも，作るのは簡単そう。家でもできそうなくらい簡単だと思う」
　子どもは，手間や時間がかからないものから述べられているとまとめる中で，枝豆ともやしの事例が，自分たちの考えた順序性にそぐわないことに気づいていった。そのタイミングで，次のように発問した。
　　「取り入れる時期や育て方の工夫を，最後に述べるのはよいのかな」

　ここで深めさせたいのは，段落構成の意図であり，それを直接的に問えば，「筆者の国分さんが，この順序にしたのはなぜか」ということになる。この発問であれば，発問に対する答えを求める思考しか働かないであろう。
　「よいのか」という発問に対しては，「よいと思う」「よくないと思う」という答えが返ってくるが，これは表面的なものであり，よいかよくないかを決定する根拠を求める問いを，子どもが**自分で自分に問う**ことが期待できる。よいかよくないかを決定する際には，「この順序だと読み手はどう感じるかな」「この順序のよさはなにかな」「なぜ，この順序にしたのかな」などと自問するであろう。自問の問いは，発問に関連した多様性のあるものになる。多様な問いが子どもの中に生じ，それに基づいた考えが交流されたならば，筆者の意図を多面的・多角的

に捉えることにつながっていく。

> 　実際の授業では，「豆腐や納豆などの３～６段落は作り方のことで，枝豆ともやしの７段落は育て方の工夫だから，最後でもよい」という考えがあった。これは，「３～６段落と７段落の違いとは何か」と自問した答えだと考えられる。また，叙述の「これらのほかに」という言葉を基にした考えもあり，「７段落を意味する言葉を，国分さんは述べていないか」と自問したことも推測できた。

石井（2020）は，学び手としての教師の居方について述べている。

> 　教え手としての意図性や見通しを持ちつつも，他方で，改めて，テキストの読みとして本当のところどうなのだろう，他に読み落としている記述はないだろうかと，教師自身が学び手の立場で，子どもたちとともにテキストに向かい合うことで，子どもたちはその学び手としての教師の姿に感化され，テキストへの向き合い方や問い方をつかみ，そこから教師にとっても未知を含んだ「本物の問い」の追求が生まれるのです。

　答えを求めてする発問は，授業者が一人の読み手としてもった問いを投げ掛けることであると考えられる。発問することで，授業者のしてきた読みをなぞらせる恐れがある。石井の述べる「教師にとっても未知を含んだ『本物の問い』の追求」にはならない。子どもに自問が生まれる発問をすることで，授業者がもった問いとは異なる問いとそれに対する考えが交流され，授業者が創造したものとは異なる読みが新たに創造されるであろう。

　さらに，子どもが自問したことを授業者が適切に見取り全体に広げることも，発問に対する構えとして大切にしたい。本書第２章の小泉氏実践「効果的な資料の使い方を考え，筆者に対して提案文を書こう」，山本氏実践「これからの社会を生きていく上で大切なことについて語り合おう」，第３章の白坂氏実践「好きな登場人物は？」では，子どもの発言と授業者が想定していた発問とが合致した場面があり，子どもの発言を価値づけながら授業が展開している。子どもに発言を促すことで，自問自答であったものが自問他答や他問自答へと広がり，子どもの思考が一層活性化している。このような学習過程を経験した子どもは，「問いをデザイン」することのよさや楽しさを感じたり，価値や方法を見出したりしていくであろう。**（住江めぐみ）**

〈引用・参考文献〉
・藤井千春『主体的・対話的で深い学び　問題解決学習入門』学芸みらい社，2018
・岩永正史「発問」（田近洵一・井上尚美編『国語教育指導用語辞典』教育出版，2013）
・石井英真『授業づくりの深め方　「よい授業」をデザインするための５つのツボ』ミネルヴァ書房，2020

3

「提案読み」による説明的文章の授業デザイン

はじめに

　教科書に載っているテクストを，教科書に掲載されているという理由のみで絶対視し，子どもたちに内容や構成を理解させるための材料として扱っていることはないだろうか。

　そうであれば，子どもたちは情報や知識，あるいは指導されるべきスキルをただ受け取るだけの存在となり，とうてい実生活や将来に活用できる「方略」を身に付けることはできない。

　私は常々，読みの授業とはこうあるべきであるという考えをもっている。

　それは，

---

①子どもたちが主体的，対話的にテクストを読みすすめ，

②国語科という教科の枠内のスキル獲得で終わることなく，

③他教科や実生活，将来に活用できる「方略」を身に付けていく授業

である。

　このような授業を構築するための一つの観点として，「ひと」を意識した説明的文章の授業（＝「共創読み」）について考えてみたい。タイトルにある「提案読み」は，この「共創読み」の中の最も深い読みにあたる。

1 「ひと」を意識した説明的文章の授業

　対話的な授業をすすめるにあたっては，学級内の友達との対話，すなわち「他者との対話」が重視されている。テクストの深層部分に関わって個々の思いや考えを交流し，違いを明らかにしつつ深い学びに向かっていくといった授業である。

　ここでは，その際必ず行っている「テクストとの対話」に焦点を当ててみたい。テクストと対話する際に，そのテクストを包んでいる「ひと」，すなわちテクストの制作者（筆者に編集者，画家，写真家等を加え，複数でテクストを編む場合が多いので「制作者」を使いたいが，混乱を避けるため，以下「筆者」という言葉を用いる）をもっと意識させたいということである。

　さらに，テクストのこちら側にいる「ひと」もまた意識させたいと考えている。「『わたし』という読者」や「わたし以外の読者」（学級内の友達。学年が進んでいけば一般的な読者，筆

者がターゲットとした読者等）もまた意識させたい。

　説明的文章は，筆者が読み手を想定し，明確な目的をもって編まれた文章である。そのテクストの両側にいる「ひと」を意識することによって，より深い「テクストとの対話」が生まれるのではないかと考える。

　学習をすすめる際にこれらの「ひと」を意識することで，その学習は確かであるだけでなく豊かな営みとなり，子どもたちが授業で身に付ける力は他教科や実生活に，そして将来活用できる「方略」として子どもたち自身にストックされていくことになると考えるのである。

2　筆者から見た「ひと」

　筆者は明確な目的をもち，常に読者という「ひと」を意識してテクストを編んでいる。

　読者にとって未知の事柄を説明する場合には，「初めて知った」，「おもしろい」，「ほかはどうなっているのだろう」といった読者の反応を筆者は期待する。自身の意見や考えを述べる場合には，「なるほど」，「納得した」，「そのとおり」といった読者の反応を期待する。説明的文章を書く目的イコール「期待する読者の反応」と言ってよい。

　このような「期待する読者の反応」を念頭に置きつつ，筆者は常に，自己内に想定した読者という「ひと」と対話をしながらテクストを編んでいる。決まった読み手の場合に限らず，読み手が不特定多数の場合も同様である。以上のことを図1に示した。[1]

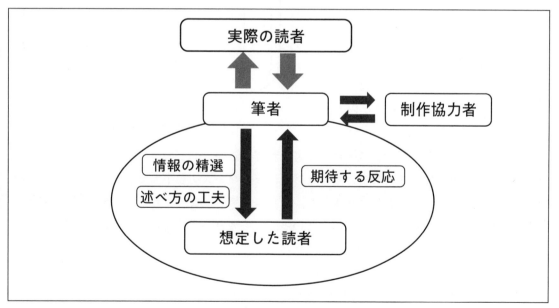

図1　筆者内の対話と読者との関係

　「期待する読者の反応」を得るために，筆者は苦労してテクストを制作する。様々な工夫を施す。筆者は，常に「自己内に想定した読者」と対話しながら，多くの情報から必要なものを選び，構成を考え，表現を工夫しているのである。

テクストを読んだ読者は実際に反応を示し，それはオーセンティックな評価として筆者に返ってくることになる。目的が明確であるがゆえに，それが達成できたかどうかも読者が反応を示した時点で明らかになる。だからこそ筆者は，自分の編んだ文章に対してある意味，責任を負うのである。

3 「テクストとの対話」

❶「寄り添い読み」

先に述べたように，筆者は様々な工夫を施してテクストを編んでいる。学習者にそのことを推論させ，筆者という「ひと」が施した様々な工夫に気づかせたい。そのために，筆者という「ひと」の立場に立って，筆者という「ひと」の論理に気づかせる読みを大切に扱いたいと考えている。筆者に寄り添う読み，「寄り添い読み」である。

説明的な文章で学習者に身に付けさせたい読む力を，大きく「事柄」と「述べ方」に括ってみる。筆者は，必要な情報を選び，構成を考え，表現を工夫する。それらは，「期待する読者の反応」を得るための論理でつながっている。そしてそれは，まさしく筆者という「ひと」の論理なのである（図2）。

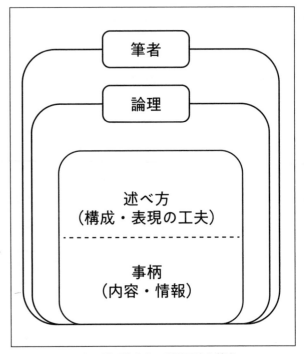

図2　説明的文章の指導要素と筆者

説明的文章を読む際，①テクストに何が書かれているか，②どのように書かれているかということは，読者としてきちんと受け止めなければならない大切な事柄である。特に日常の読みでは①が重視されるが，それに②が加わり，さらに③筆者はなぜこれらの事柄を選んだのか，筆者はなぜこのような述べ方をしたのかといった，筆者という「ひと」を意識することでテクストとの対話が成立し，より深い学びに向かっていく。

「よき読者」は，学習者自身が①や②を意識することによって育つ。さらに③を大切に扱い，意識することによって，「深き読者」が育つと考えるのである。

❷「提案読み」

中学校第3学年の指導事項に，「文章を批判的に読みながら，文章に表れているものの見方や考え方について考えること」（読むこと・イ）がある。かねてから「クリティカル・リーディング」の重要性が叫ばれ，それが学習指導要領にも反映された。

ただ，この「批判」という語の一般的なイメージが気になるところである。criticism の訳語である「批判」の「否定的内容のものをいう場合が多い」（傍線は岸本・以下同じ。新村出編『広辞苑　第６版』「批判」の項②　岩波書店　2008）という一般的意味が先行し，「批判（的）思考」や「批判（的）読み」について，なかなか前向きに受け止められないという現実があるのである。

　よって，諸氏が「批判（的）思考」，「批判（的）読み」について述べる際，必ずと言ってよいぐらい，断り書きや付け加えが入る。ここでは二例をあげておく。

○「クリティカルな思考とは，たんに懐疑や批判のための思考に留まるのではなく，（中略）生産的な思考を目指すものです」[2]
○「（前略）妥当性や客観性，信頼性などを評価したり，自分の知識や経験と結びつけて建設的に批判したりする」[3]

　筆者という「ひと」を自己内に想定し，「寄り添い読み」をベースとした場合，批判という言葉よりも「提案」という言葉の方がしっくりとくる。

　筆者の思いや意図，様々な工夫を受け止めながらも，「ここをこう書き換えた方が，読み手に思いがもっと伝わるのでは…」，「構成をこのようにした方が…」，「このような写真やグラフを入れた方が…」といった意見が出てくる。これらは「筆者である私」と「読者である私・想定した私以外の読者」とが自己内で対話することによって生まれてくるもので，「批判」を超えた「提案」であるということができる。

　「批判読み」に比べ，「提案読み」には「親和的」，「共創的」意味合いが付加され，その学習はより深く，豊かな「ひとの営み」となっていく。

　さらに言えることは，「提案」は「批判」よりも厳しさが増すということである。

　「批判」の本来の意味は「物事の真偽や善悪を批評し，判定すること」（先に示した広辞苑の①の意味）であるが，「提案」はそれにとどまらない。「提案」は必ず「代案」を示さなければならないのである。このことにより，学習者はより深い学びにいざなわれることになる。

❸テクストとの対話＝筆者も共創の一員

　以上，述べてきたことを図に表すと，テクストとの対話は次ページ図３のようになる。[4]

　読者である学習者は，テクストから内容や情報などの事柄，構成や表現の工夫などの述べ方を知り，理解するということで受け止める。

　また，それらのことについて知り，理解するだけではなく，自分なりの考え，意見をもつ。その考えや意見を表層で終わらせないために，より深い解釈，吟味，そして評価が必要になってくる。その際，テクストを包んでいる「筆者」という「ひと」を意識しておくことが重要である。そのためには，「根っこで筆者と握手する」という姿勢，態度，構えといったものを大

切にしたい。

　この「根っこで筆者と握手」は，筆者の述べている事柄や述べ方をすべて受け入れるということでは，決してない。

　筆者の主張に反対意見をもつ場合もあるし，述べ方に関して違和感を覚える場合もあろう。それらを排除する必要はないが，筆者の目的や願い

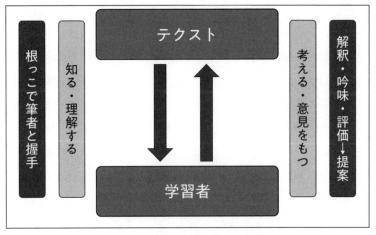

図3　学習者とテクストとの対話

を理解し，テクストはその筆者が様々な工夫を施し，苦労して制作したものであるということを根底で大切にしておきたいということである。

　このことが根底にあれば，「ここをこうすれば，読者にもっとよく伝わるのでは…」といった「提案」が，子どもたちの中から自ずと出てくると考えるのである。

　共に何かを創っていこうとすることが対話の目的であるならば，筆者という「ひと」もまた「共創の一員」ということができるのではないか。

4　自己内の対話

　「テクストとの対話」に「他者との対話」が加わることによって，「自己内の対話」は活性化

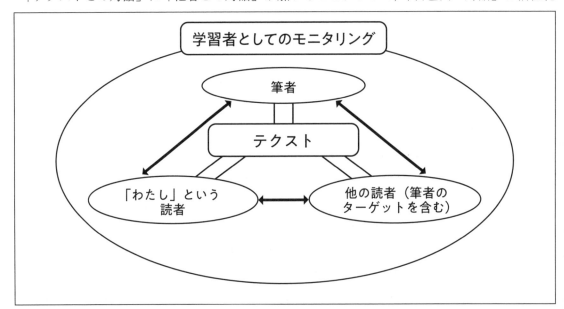

図4　自己内の対話

される。その際，学習者の自己内には様々な「ひと」が存在することになる。

「筆者」，「『わたし』という読者」，そして「わたし以外の読者」（学級内の友達だけでなく，一般の読者，筆者がターゲットにしたであろう読者も）等である（図4）。

そしてその「自己内の対話」は，筆者の立場に立って意図や目的，目的を達成するための様々な工夫に気づく「寄り添い読み」，テクストを吟味，評価し，提案していく「提案読み」がミックスされて成り立つこととなる。

このような読みを心がけていくと，学習者の中に「読者である私」と「筆者である私」，あるいは「自分以外の読者」といった様々な「ひと」が存在することになり，より深く読む力を獲得していくことになる。もちろんそれは読む力ばかりでなく書く力にも直結し，「読み書き一体」の学習ともなり得るのである。

このような学習がモニタリングによって自覚化されることで，その深く読む力がより豊かで確かな「読みのエネルギー」となって，自己内にストックされていくことになる。

5 「寄り添い読み」，「提案読み」の問いと実践例

深層の読みに入った際に，「ひと」を意識した読み，すなわち「寄り添い読み」や「提案読み」の問いとして，どのようなものが考えられるであろうか。

中国・国語教育探究の会会員の実践から2つを取り上げ，「寄り添い読み」，「提案読み」のモデルとして紹介しておく。

❶五十部大暁氏の実践（山口大学教育学部附属山口小学校研究授業，2019年11月）

(1)単元

段落どうしのつながりを考えよう～「アップとルーズで伝える」（光村図書4年・平成27年度版）～

(2)本単元の目標

○筆者の対比の仕方や事例の工夫について話し合い，段落相互の関係について自分の考えをもつことができるようにする。

○段落相互の関係について考えながら説明文を読むことへの関心を高めることができるようにする。

(3)指導計画（全6時間）

第一次

○「アップとルーズで伝える」を読み，学習の見通しをもつ。（1時間）

第二次

○段落相互の関係について話し合う。（3時間）…本時3／3

第三次

○段落相互の関係について考えながら「手で食べる，はしで食べる」と「動物たちのしぐさ」

を読む。（2時間）

(4)本時案

【ねらい】

　筆者が7段落を書いた意図について話し合うことを通して，7段落と他の段落との関係について自分の考えをもつことができるようにする。

【学習の展開】

①筆者が7段落を書いた意図について話し合う。

②本時の振り返りを書く。

(5)考察

　本時では，「中谷さんはなぜ7段落を書いたのだろう」が中心の問いになる。筆者である中谷さんの立場に立って考えつつ，7段落（さらに8段落も）の価値を他の段落との関係から探っていくのである。自己内に想定した筆者（中谷さん）という「ひと」に寄り添いつつ，テクストを吟味していった授業であると言える。

❷田中章憲氏の実践（山口大学教育学部附属光小学校研究授業，2019年6月）

(1)単元

　新聞作りのコツとは？〜「新聞記事を読み比べよう」（東京書籍5年・平成27年度版）〜

(2)本単元の目標

○資料と本文や自分の考えと根拠を線でつなぎながら情報を整理し，考えをより明確なものにしたり，思考をまとめたりすることができる。

○新聞の構成要素と伝えたい内容の中心とを関連づけながら，書き手の意図を推論し，述べ方の効果を捉えることができる。

○いろいろな新聞記事をすすんで読み比べ，述べ方のよさを「新聞作りの手引き」にまとめることができる。

(3)指導計画（全7時間）

第一次

○様々な新聞記事を読み比べ，気づきを交流する。

○2つの新聞記事（本テクスト）を読み比べ，気づきを交流する。

第二次

○本文に着目して，書き手が伝えたい内容について読み比べる。

○見出しとリードに着目して，伝えたい内容との整合性を読み比べる。

○写真に着目して，選び方の効果を読み比べる。…本時3／3

第三次

○述べ方に着目して，同じ日の新聞記事を読み比べる。

○「新聞作りの手引き」を作成し，新聞作りのコツを伝え合う。

(4)本時案

【ねらい】

　書き手が新聞に掲載した写真を選んだ理由について話し合うことを通して，よい写真の選び方を捉え，述べ方を工夫する効果をまとめることができる。

【学習の展開】

①写真を入れ替えた新聞記事の印象について交流する。

②書き手がこの写真を選んだ理由について話し合う。

③新聞作りのコツをまとめる。

(5)考察

　本時は，「Ｂ社の記事なら，Ａ社の写真と入れ替えてもよいのではないか」という問いから始まる。子どもたちは根拠と理由を述べながらそのことを否定し，「だったら，どうしてＢ社の書き手はこの写真を選んだのかな」という「寄り添い読み」につながっていく。そしてさらに，「（Ｂ社の記事の書き手に）もっとよい写真を提案することは，できそうか」という「提案読み」の問いに発展していくのである。

　子どもたちは記事の書き手（筆者）に親和感を覚えつつ，共創の担い手として様々な観点から提案をしていった。

おわりに

　以上，「ひと」を意識した説明的文章の指導，特に「寄り添い読み」と「提案読み」について述べてきた。

　子どもたちが様々な「ひと」を意識し対話する貴さを学習の中で自覚することができた時，その豊かな営みとともに，実生活や将来に活用できる「方略」を確かに自身の中にストックしていけると考えるのである。

（岸本憲一良）

〈注〉

1．岸本憲一良「共創力を育てる〜育成すべきは『思考力，判断力，表現力』のみではない〜」中洌正堯監修，石丸憲一・岸本憲一良・香月正登編著『「新たな学び」を支える国語の授業・上』（三省堂　2013）p.23の図を改良したもの

2．E.B. ゼックミスタ・J.E. ジョンソン著，宮元博章・道田泰司・谷口高士・菊池聡訳『クリティカルシンキング　実践編』（北大路書房　1997）p.2

3．文部科学省『読解力向上に関する指導資料—PISA 調査（読解力）の結果分析と改善の方向—』（東洋館出版社　2006）pp.15-16

4．岸本憲一良ほか「説明的文章の指導の在り方に関する研究」『山口大学教育学部　学部・附属教育実践研究紀要第14号』（山口大学教育学部　2013）p.64の図２を改良したもの

4

「批評読み」による文学的文章の授業デザイン

1 「批判」の概念とは

　「批判」という用語に対してどのような印象を受けるのであろうか。他者に対して粗探しをしたり非難をしたりするようなマイナス的な印象を持つ人が多いのではないだろうか。しかし，教育界における「批判」は決してマイナス的な〈負〉のイメージを有する用語ではない。その一方で，研究者によって「批判」の概念は異なり，多様であることに特徴がある。「批判」は多様な概念を有する用語であるのだが，「批判」の概念の定義について考える際，最も頻繁に引用されるのが Ennis,R.H. の定義である[1]。

　Ennis は批判的思考を「何を信じ行うかの決定に焦点を当てた合理的で省察的な思考」[2]と定義している。道田泰司によれば「省察的な思考」とは，問題解決のための論理的思考力を指す[3]と言う。他者の意見を鵜呑みにしたり，根拠のない飛躍した論理によって結論を導き出したりする思考は批判的思考ではない。付け加えて言うと，Ennis の批判的思考は基本的に合理的で省察的な思考であるが，そこには論理だけではなく，創造的で柔軟な思考も必要とする[4]。この Ennis の批判的思考の概念の定義から，教育界における「批判」は，マイナス的な〈負〉のイメージを有する語ではないことが理解できるであろう。Ennis の批判的思考の概念を踏まえて，道田は「見かけに惑わされず，多面的に捉えて，本質を見抜く」ことが批判的思考である[5]と指摘している。道田の批判的思考の概念に関する指摘の中で最も重要なのが「本質を見抜く」ことである。根拠に基づいて妥当と考えられる答えを導き出すまで新たな考えを探り続けるというプロセスによって「本質を見抜く」ことが可能になる。

　ここで看過できないのが，土屋善和の「日本では Ennis の批判的思考の定義は注目されたが，Ennis が挙げる批判的思考の能力には言及されてこなかった。」[6]という指摘である。Ennis は批判的思考の能力として「明確化」・「基本」・「推論」・「相互作用」の能力を挙げている。この4つの批判的思考の能力の内容についてまとめたのが次の表である[7]。

明確化	問題への着目	問題や課題を見いだす
基本	知識や情報，信頼できるものかどうかを判断する	批判的思考を行う上で必要となる様々な知識や情報など
推論	演繹，帰納，価値判断	推論には意思決定に至るまでの様々な可能性を導き出す力が含まれている
相互作用	他者との関わり	他者と意見交換をしたり，他者の価値観にふれることで，様々な視点から客観的に思考したり検討したりする

土屋は，「基本」となる知識や情報をもとに様々な推論（何が課題や問題であり，どのような解決策や行動をすればよいか推論する）ことが批判的思考であると指摘する[8]。その最終目標は「本質を見抜く」ためである。したがって，Ennis の批判的思考の概念および能力の主点は「本質を見抜く」ことだと考えられる。

2　批判的思考とメタ認知との関係

　現在，メタ認知は周知されるようになってきた。改めてメタ認知を説明すると，自分自身や他者の行う認知活動を意識化して，もう一段上から捉えることを意味する。いわば，頭の中にいて，客観的な判断をしてくれるもうひとりの自分のようなもの[9]といえよう。メタ認知には多様な働きがあるが，批判的思考との関係性に焦点化すると，道田泰司は批判的思考とメタ認知の関係について，次のように述べている。

> 　批判的に思考するということは，自分で問いをたて，その答えを探求するという，一種の「問題解決過程」です。（中略）批判的思考には，柔軟に考えるという「創造的思考」も必要ですし，自分の思考過程をモニタリングするという「メタ認知」の要素も入ってきます。[10]

　道田は，批判的に思考することは自分で問いを立て，その答えを探求することだと捉えていて，「問題発見→解の探索→解の評価→解決」の過程の中に批判的思考を位置づけている[11]。そして，「問題発見→解の探索→解の評価→解決」の過程を通して批判的に思考するためには，自分の思考過程をモニタリングするメタ認知と関係があると指摘する。自分の思考過程をモニタリングするのが「頭の中にいて，客観的な判断をしてくれるもうひとりの自分」＝「メタ認知」なのである。また，批判的思考とメタ認知との関係性について，楠見孝も「批判的思考は，創造的思考の十分条件ではないが，必要条件として位置づけられる。すなわち，創造的思考において，批判的思考は，多くの情報やアイデアを評価・吟味するためのフィルターとしてはたらく」[12]ことを指摘している。道田と楠見の指摘から，批判的思考には，柔軟に考える創造的思考，評価したり吟味したりすることの土台となる想像的思考，自分の思考過程をモニタリングして客観的な判断を行うメタ認知などで構成されていることが分かる。自己の思考過程をモニタリングすることは，自分自身の認知活動を意識化することになる。とりわけ批判的に思考するには，合理的で省察的な思考だけではなく，客観的な判断力や創造的（想像的）思考を司るメタ認知が含まれる点を重視したい。

　例えば，Ennis の批判的思考の能力のひとつである「相互作用」の場合で考えると，他者との意見交換を通して，自分とは異なる他者の見方や考え方を知り，私たちは自分の考えについて「なぜ私はそう考えるのか」と思考したり想像したりして，多角的・客観的に自分の意見を導き出すように努める。批判的思考によって「本質を見抜く」ためには，柔軟に考える創造的

思考，評価したり吟味したりする想像力を促すメタ認知が不可欠なのである。

3 国語教育によって育成される批評する力

　日本において学習指導要領は，学校が一定の水準を保つための教育課程の基準を定めたものであり，1958（昭和33）年版学習指導要領以来，国としての法的拘束力を有している。最初の学習指導要領は1947（昭和22）年版の『学習指導要領　試案』であるが，髙木まさきによれば，最初の学習指導要領の中に「批判的な読み」の重要性が説かれており，次の1951（昭和26）年版の学習指導要領にも引き継がれた。しかし，1958（昭和33）年の学習指導要領を最後に「批判」の語は姿を消している[13]。髙木が指摘しているように，1958（昭和33）年版学習指導要領において「批判」という語を目にすることはなくなった。だが，2008（平成20）年版の中学校の学習指導要領の第3学年の〔読むこと〕の領域の「物語や小説などを読んで批評すること」という指導事項の中で「批評」という表現で再び登場することになる。そして2017（平成29）年版の中学校の学習指導要領の中の第3学年の〔読むこと〕の領域の中に「文章を批判的に読みながら，文章に表れているものの見方や考え方について考えること」が示されている。その言語活動例として，小説などを読んで批評したり，考えたことなどを伝え合ったりすることが挙げられている。すなわち，中学3年生の義務教育が終わるまでに，小説などの文学教材を読み，批判（批評）する力を育成することが求められているのである。〈critical〉には「批判」と「批評」の二通りの日本語訳があり，厳密な区分けがされていないために，学習指導要領の中で「批判」と「批評」の表現がともに使用されているのだろう。「批判」であれ「批評」であれ，中学3年生までに身につけさせることが期待されている力であるのは間違いない。

　しかしながら，ここで問題になるのは，学習指導要領の中に，小説などの文学教材をどのように読めば，批判（批評）する力を育成することができるようになるのか明記されていない点である。学習指導要領の中で，中学3年生までに小説などの文学教材を読むことを通して批判（批評）する力を身につけさせるように示されていても，どのように文学教材を読めばよいのか把握できていないのが学校現場の現状であろう。どのように文学教材を読めばよいのか困惑している学校現場の現状をよくするためには，批判（批評）力を育成するための手立てとして，理解方略を取り入れると有用になると考えられる。なぜなら，理解方略は，読者（学習者）が自らの読みの目標を果たすために意識的に選び取る行動のことであり，スキルが意図をもって用いられた場合，それが方略になるからである[14]。本稿での読みの目標は子ども達が文学教材を批判（批評）的に読むことになる。

　理解方略について Keene と Zimmermann が「関連づける」・「質問する」・「イメージを描く」・「推測する」・「何が大切か見極める」・「解釈する」の6つの方略を示している[15]。この6つの理解方略は文学教材を批判（批評）するための力を育成する上で欠かせない方略であると考えられる。その上で，Rosenblatt の理論の「批評的な洞察力」を「大切なところを見極めな

がら，じっくり考えて発見する力」と意味づけた山元隆春の指摘[16]は看過できない。つまり，「大切なところを見極めながら，じっくり考えて発見する力」が批評力であることを山元は指摘しているのである。

　そこで本稿は，KeeneとZimmermannの理解方略およびRosenblattの理論を意味づけた山元隆春の指摘を踏まえ，「何が大切か見極める」ことに着目した。それはEnnisの批判的思考の概念である「見かけに惑わされず，多面的に捉えて，本質を見抜く」の中にある「本質を見抜く」ことが，文学教材の「大切なところを見極める」ことにつながると考えるためである。文学教材の「大切なところを見極める」ことを意識して読むことで批判（批評）する力が育成されると捉えることができる。文学教材の中の「本質を見抜く」こと，言い換えると，文学教材の「大切なところ」を見極めようとして読むことが批評する力の基盤となる。

4 「批評読み」とは

　文学教材を読むことによって，その文学教材における「本質を見抜く」＝「何が大切か見極める」ことが「批評読み」である。「批判読み」ではなく，「批評読み」と銘打ったのは，一般的に「批判」という表現は他者に対して粗探しをしたり非難をしたりするようなマイナス的な印象が強い傾向があり，誤解を招く可能性があることを考慮したからである。「批評読み」は，文学教材における「本質を見抜く」＝「何が大切か見極める」ことを目的とした読み方である。「何が大切かを見極める」ためには，それぞれの文学教材の固有の特性に気づき，吟味することを通して，自分の読みを確立していくことが必要になる。ちなみに「大切なところ」とは，読者論の立場から読者の子ども達が文学教材を読み，その文学教材において一人ひとりが導き出した「大切なところ」を尊重するものである。

　子ども達がそれぞれ文学教材の固有の特性に気づき，吟味しながら，自分の読みを確立する過程について，Ennisの批判的思考の能力，KeeneとZimmermannの理解方略，Rosenblattの理論を意味づけた山元隆春の指摘を参考にしつつ，2節で述べた道田が提示する「問題発見→解の探索→解の評価→解決」の批判的思考の過程を適用して，批評する力を生成する個人内プロセスのモデルを考案したのが次のページの図である。道田が提示する批判的思考の過程は「問題発見」から始まる。「批評読み」を想定した「批評する力を生成する個人内プロセスのモデル」において，「『大切なところ』に着眼する」にあたる。最初は主観的な観点から「『大切なところ』に着眼する」ことが文学教材の特性を発見する行為になる。

　つづく「解の探索→解の評価」では，「批評する力を生成する個人内プロセスのモデル」において「自分の経験・既有知識・文学作品における読みの原理（方略）などと関連づけて考える（吟味する）」→「推論する（価値判断を行う《演繹・帰納判断》」→「『大切なところ』を見極める（合理的に考える）」にあたる。主観的に着眼した文学教材の「大切なところ」が本当に「大切なところ」であるのか，これまでの自分の経験・既有知識・それぞれの文学作品が

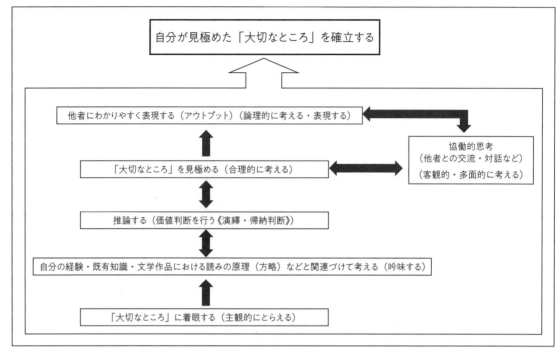

批評する力を生成する個人内プロセスのモデル（文学教材）

有する特性を見いだすための読みの方略（例えば，時・人・場所などの設定を明らかにする，事件や人物の転換点に着目する，色彩語に着目する，視点人物と対象人物などの視点の転換を捉えるなどの読み方）を活用し，推論する。道田によれば，「演繹的推論」や「帰納的推論」[17] を駆使して合理的に考えることが批判的に思考することになると言う[18]。その点を踏まえて，文学教材を読み，それが本当に「大切なところ」であるのかどうかを見極めるには，これまでの自分の経験・既有知識・文学作品における読みの原理（方略）などと関連づけて考えたり推論したりする過程が必然になる。それらの過程を繰り返すことによって，「大切なところ」を見極めていくのである。

　そして「解決」が，「批評する力を生成する個人内プロセスのモデル」において，「自分が見極めた『大切なところ』を確立する」にあたる。他者との交流・対話の協働的思考を行うには，自分の見極めた「大切なところ」を他者にわかりやすく伝えるための論理的思考力や表現力が必要となる。さらに「自分が見極めた『大切なところ』を確立する」ためには，他者にわかりやすく表現したり，他者との交流・対話などを通したりして，自分が見極めた「大切なところ」を客観的・多面的に考える過程を経て確立することになる。「批評する力を生成する個人内プロセスのモデル」の中で，他者との交流などによる協働的思考を「『大切なところ』を見極める」段階に位置づけているのは，他者との意見交換を通して，自分とは異なる他者の見方や考え方を知り，自分が導き出した「大切なところ」について「なぜ私はそう考えるのか」と思考したり想像したりして，多角的・客観的に自分が見極めた「大切なところ」を見極めるの

に重要な役割を果たすと考えているためである。場合によっては，もっと早い段階で他者との交流・対話を取り入れた方が有効になることもあるだろう。

　要するに，道田が提示する「問題発見→解の探索→解の評価→解決」の批判的思考の過程を，「『大切なところ』に着眼する」→「『大切なところ』を見極める」→「『大切なところ』を確立する」という３つの段階過程を中心に考案したのが，「批評する力を生成する個人内プロセスのモデル」である。ただし，これはあくまでもモデルケースの一例であるから，必ずしも「批評する力を生成する個人内プロセスのモデル」通りに行われるとは限らない。だが，最終的な目標として「自分が見極めた『大切なところ』を確立する」読み方が「批評読み」となる。「批評読み」は，自分が見極めた「大切なところ」を確立することを目指して，「『大切なところ』に着眼する」→「『大切なところ』を見極める」→「『大切なところ』を確立する」という３つの段階過程を中心にして，子ども達の批評する力の育成のために考案したものである。「『大切なところ』に着眼する」・「『大切なところ』を見極める」・「『大切なところ』を確立する」際には必ず文学教材の本文を根拠として用いることが不可欠となることに注意していただきたい。文学教材の本文を用いない読みは，根拠の乏しい恣意的な批評になってしまうからである。

　文学教材の本質を見抜くには，文学作品に描かれている人間観・人生観・世界観などを多面的に捉えなければ難しい。文学作品は人物像・表現・文体・作品構成などによって人間観・人生観・世界観を描いているので，文学作品に描かれている人間観・人生観・世界観について考えることは，その文学作品の人物像・表現・文体・作品構成・テーマ[19]などの固有の特性に何らかの形で関与することになる。文学作品の本質を探るには人間観・人生観・世界観における課題を見抜き，それらの課題についてどのようにすれば解決に向かうことが可能になるのかを検討し，吟味し，想像することが求められる。文学作品に描かれた人間観・人生観・世界観などを多面的に捉えることによって導き出された読みや考えは，現実の自分の世界を客観的に見通す力になる。また現実の世界に対する洞察力の基盤にもなる。それらは現実世界を「生きる力」となるのである。このような「生きる力」を育むために，何が大切かを見極めて確立することを目指したのが「批評読み」である。

5　「批評読み」の授業デザインについて

　いきなり子ども達に文学教材について批評するように指示しても，何について批評するのか見当がつかないであろう。批評は高次な学力であるので，文学教材を読んで批評をすることは容易にできないのである。そのため授業で，実際に「批評読み」を実践するには，教師の教材研究が土台になる。本書に収められた「批評読み」の授業実践はどれも教師による教材研究が「教材の特性」として示されている。本稿が提案した「批評する力を生成する個人内プロセスのモデル」からうかがえるように，出発点は子どもが主観的に着眼した「大切なところ」であ

る。子どもが主観的に着眼した「大切なところ」を出発点にしているのは，子どもの主体的な読みを重んじているからである。言い換えると，子どもの読みや考えを大切にした「子ども中心の授業」を前提にしている。もちろん，子ども中心の授業では，授業として成り立たない場合があると考えられる。そこで子どもから発せられた言葉が重要になる。授業中に子どもが文学教材の本質を突くような発言をしたら，その言葉をすくい上げ，子どもの発言を中心に授業を展開していくことが求められる。子どもの発言が文学教材の本質を突くものかどうかを判断するには，教材研究が不可欠になる。

　子どもから文学教材の本質を突くような発言が出ない場合，教師による発問が大切になる。教師は教材研究から導き出した文学教材の本質に迫る発問をし，子ども達の読みや考えを引き出す。基本的に教師は子どもの主体性を重視し，子どもを支援する立場となる。「批評読み」の授業実践はどれも，子どもの発言を大切にした授業内容であったり，それぞれの文学教材の本質に迫る教師の発問が示されたりしている。どのように子ども達に文学教材を通して批評する力を育成すればよいのか困惑している学校現場の教師たちの見本例になるであろう。

（中野登志美）

〈注〉

1．道田泰司（2003）「批判的思考概念の多様性と根底イメージ」（『心理学評論』第46巻第4号，心理学評論刊行会，pp.619-620）

2．Ennis,R.H（1985）A logical basis for measuring critical thinking skills. *Educational Leadership*, Vol43, pp.44-48.

3．道田泰司（2001）「批判的思考—よりよい思考を求めて—」（『認知心理学を語る　第3巻　おもしろ思考のラボラトリー』，北大路書房，p.100）Ennis の批判的思考の定義で，稿者は「省察的思考」と訳出したが，研究者によっては「反省的思考」と訳されている。両者の意味合いに大きな差異はない。

4．注3に同じ（p.101）

5．道田泰司（2008）「メタ認知の働きで批判的思考が深まる」（『現代のエスプリ』第497号，至文堂，p.61）

6．土屋善和（2015）「家庭科における批判的思考力の検討—Ennis,R.H. の批判的思考論に着目して—」（『日本教科教育学会誌』第38巻第3号，日本教科教育学会，p.5）

7．土屋善和が Ennis の論考を参考にして和訳して作成したものに基づいて，稿者がさらに簡潔に纏めた表である。なお，注6の論考を参照して表を作成した。

8．注6に同じ（p.6）

9．三宮真智子（2018）『メタ認知で〈学ぶ力〉を高める—認知心理学が解き明かす効果的な学習法—』（北大路書房，pp.14-15）

10．注3に同じ（p.102）

11．注5に同じ（p.62）

12．楠見孝（2010）「批判的思考と高次リテラシー」（『現代の認知心理学3　思考と言語』，北大路書房，p.137）

13．髙木まさき（2008）「『物語批判』の系譜—批判は何に向けられてきたか—」（『日本文学』第57巻第8号，日本文学協会，pp.5-6）

14. 山元隆春（1994）「読みの『方略』に関する基礎論の検討」（『広島大学学校教育学部紀要　第一部』第16巻，広島大学学校教育学部，pp.29-30）

15. Keene Ellin and Susan Zimmermann, *Mosaic of Thought*,2nd *Edition*,Heinemann,2007
KeeneとZimmermannの『Mosaic of Thought』については，吉田新一郎（2010）『「読む力」はこうしてつける』（新評社）の訳を引用していることをお断りしておく。

16. 山元隆春（2018）「文学作品の『精読（close reading）の方法をどのように学ばせるか？―登場人物の「予想外の行動」を道標として―」」（『論叢 国語教育学』第14号，広島大学大学院教育学研究科国語文化教育学講座，p.54）

17. 中島実によれば，「演繹的推論」とは，ある主張や考えが正しいことを前提とした場合に，どのようなことが必ずいえるのかを結論として導く推論過程を指す。これに対して，個別の事実をもとにして，それらを含むもっと一般的な性質や法則性（規則）を導く推論過程を「帰納的推論」という。（中島実《2001》「帰納的推論」，『認知心理学を語る 第３巻 おもしろ思考のラボラトリー』，北大路書房，pp.57-58）。また，山祐嗣は「演繹的推論」をさらに簡潔に「ある命題から必然的に導かれる帰結を導く推論」であると述べている。（山祐嗣《2001》「演繹的推論」，『認知心理学を語る 第３巻 おもしろ思考のラボラトリー』，北大路書房，p.77）

18. 注３に同じ（p.102）

19. 坂本肇によれば「テーマ」とは，作品における問題性や思想性を内包し，それらに支えられながら，作品の隅から隅までトータルに描かれている〈現実〉を意味する。（坂本肇《1972》「文学用語の再検討―〈モチーフ〉と〈意図〉と〈テーマ〉―」，『水産大学校研究報告』第20巻第３号，水産大学校，p.337）

エージェンシーと提案読み・批評読み
～「主体」であることの意味～

「エージェンシー（Student agency）」は，OECD Education2030プロジェクトが描く教育の未来の中心的概念である。心理学においては「行為主体」「行為主体性」などと訳されるが，OECD（2019）では次のように定義されている。

> 変化を起こすために，自分で目標を設定し，振り返り，責任をもって行動する能力

「変化を起こす」とはイノベーションであり，誰のために，どのような変化を起こすのかが問題となる。しかし，それ以上に重みを感じるのは「責任」という一語である。変化を起こす責任を問いながら（自覚しながら）の行為を「主体」のある行為という。

日本財団（2019）が行った「18歳意識調査」では，「自分で国や社会を変えられると思う」という質問に対する「はい」と答えた割合は，日本では18.3%と4～8割の諸外国と比べて低い。「自分は責任がある社会の一員だと思う」という質問に対しても「はい」は44.8%と8～9割の諸外国と比べて低い。日本では，責任と行動が分離し，真に主体が生きる土壌が育っていないと見ることができる。

こうしたグローバルな現状と，「提案読み」「批評読み」を安易に結びつけることは慎まなければならないが，書き手の意図にも，作品の特徴にもふれることのない身勝手な読みは，責任を負わない読みである。もちろん，無責任に読むことも楽しみ方の一つで，責任を負って読めば，読書はつまらなくなるのかもしれない。しかし，それはあくまで個人内の読書の場合であるだろうし，そもそもこの責任とは誰に対する責任なのだろうか。まず浮かぶのは，自分自身に対する責任である。これほどいい加減に読んで，本当に読書を楽しめているのだろうか。私にとって読書は意味あるものになっているのだろうか。そういう問いもふと生まれてくる。気軽に読むことと，無責任に読むことは違うように思える。

読書との距離から言えば，次に責任を負うのは，書き手や作品に対してであろうか。そして，それをともに読んだ仲間たち，もっと広げれば文化や社会ということになろう。あまり責任を拡大すると読めなくなってしまいそうだが，少なくとも書き手や作品に対して，ともに読む仲間に対しての責任は果たせる読みをしたいと思うのは私だけではないだろう。それが結局は自分に帰ってくる。

提案読みにしても，批評読みにしても，書き手や作品を無視して手前勝手に読むことをよしとしていない。むしろ，書き手に寄り添い，作品の特徴を大事にしている。大事にしながら片や提案し，片や見極めるのであるから読み手としての責任を問いながら（自覚しながら）読んでいくことになる。「主体」のある読みが展開されるということである。 （香月正登）

第2章

「提案読み」でつくる 説明的文章の 課題・発問モデル

1_年 「いろいろなふね」（東京書籍）

ふねのランキングをつくろう

> 実践の
> ポイント　教材の内容に寄り添いながら考え，自分の言葉で表現していく

1　教材の特性

　本教材は，「はじめ」「なか」「おわり（まとめ）」の尾括型の構成となっている。「客船」「フェリーボート」「漁船」「消防艇」の４つの船が取り上げられており，どの事例も同じ文章構成，文型で説明されている。４つの船の説明は，「やく目」を述べている文，やく目のための「つくり（構造／装備）」について述べている文，構造や装備によって「できること（機能）」を述べている文という順序で書かれている。同じ順序や表現で説明されていることによって，文型や内容の理解が促されやすくなっている。また，それぞれの船の写真が掲載されており，写真を基に船の構造や機能を想像しながら読み進めることができるであろう。このような特性を生かしながら本教材では，「やく目」と「つくり」の関係性を説明したり，言葉に着目して具体的に考えたりできるようにしたい。例えば，漁船が「さかなのむれを見つけるきかい」や「あみ」をつんでいる理由を，「さかなをとるためのふね」（やく目）や「見つけたさかなをあみでとります」（機能）との関係で説明できるようにすることである。

　また，本教材では，「筆者」が示されていない。さらに，低学年という発達段階も含めて，寄り添う対象を「筆者」ではなく，それぞれの「船に乗っている人」としたい。船に乗っている人の立場を視点として，対象と出会うことで，内容を確かにするだけでなく，子どもの生活や経験と引きつけることが期待できるだろう。

2　「提案読み」を促す学習課題

> 学習
> 課題　どんな乗り物に乗ってみたいですか―未来の乗り物を考えましょう―

▶課題設定のポイント

　教材文の述べ方（構成・表現）を生かして，子どもが想像した乗り物について絵や文で紹介し合う学習活動である。筆者の述べ方を活用して紹介する文を書くことで，「○○も説明できそうだ」「○○が説明できた」といった実感とともに，筆者の述べ方を使うことの効果につい

て，「○○にも使えるよ」というように筆者へ応答することを促すことができる。また，「自分だけ」の乗り物であるからこそ，「自分のこと／ものを知ってほしい」気持ちと「相手のこと／ものを知りたい」という気持ちが高まり，「紹介する―対話する」必然性も生まれる。

▶「提案読み」へ向かう学習過程の工夫

　自分が考えた乗り物について，「やく目」「つくり」「できること」の紹介をするためには，それらをどのようなつながりで示すかを考えなくてはならない。そのために，教材文での説明の仕方から，それらのつながりを読むことが必要である。そこで，「ふねのランキングをつくろう」という学習活動のもと，「やく目」「つくり」「できること」に着目する。それらのつながりを本文だけでなく生活経験も根拠にしながら話し合うことを通して，教材文を自分ごととして読むことにつながると考える。つまり，「すごいぞ」「のってみたい」という感覚的な読みを起点として，文章に寄り添いながら文章を自分に引き寄せて読むことにつながる。このように，低学年では教材内容に寄り添うことに主眼を置くことで事柄と述べ方の理解を促すようにしたい。さらに，「乗っている人」という視点を投入することによって，内容に寄り添いながらも「乗っている人―自分」という視点で考えることを促すことにもなるだろう。このような学習活動を基盤とすることで，子どもがつくった乗り物についても，「やく目」「つくり」「できること」のつながりを意識した説明がなされるようになる。

3　単元の学習プランと主な発問

時	主な発問と学習活動	指導のポイント
1	●どんなお話ですか？ ・題名を基に，内容の見通しをもつ。 ●どんな船を知っていますか？ ・既習知識や生活経験を交流する。	・本文を音読する前に，題名に着目してどんなことが書かれているかを予測したり，船についての知識や経験を交流したりして読みの構えをもつようにする。
2	●どんな船が紹介されているでしょうか？ ・「客船」「フェリーボート」「漁船」「消防艇」が紹介されていることを本文と写真から確認する。 ●それぞれの船を説明している文はどれですか？ ・4つの船を説明している文を選び，並び替える。	・一文ずつ書いた短冊を使い，正しいつながりだけでなく誤った並びも示し，なぜ間違っているのかの理由を問うことで，「やく目」と「つくり」と「できること」のつながりを捉えられるようにする。
3	●本文を3つに分けるには，どこで分けられますか？ ・本文を「はじめ」「なか」「おわり」に分ける。 ●それぞれのまとまりには何が書かれていますか？ ・3つのまとまりの内容を確認する。	・第2時で並べ替えたものを基に，本文を3つに分け，大体の内容を把握できるようにする。4つの船の説明が「なか」に書かれていることを確認する。
4	●それぞれの船はどんな船でしょうか？ ・「やく目」「つくり」「できること」を確認する。 ●どんな順番で説明されていますか？ ・4つの船のそれぞれの段落を構成する文の順序を確認する。	・「なぜ，このつくりが必要なのか」を考えることで「やく目」と「つくり」のつながりを捉えられるようにする。

5	●どの船が1番すごいですか？ ・「すごいぞランキング」をつくる。 ●どうして1位にしましたか？ ・1位に選んだ理由を交流する。	・1位に選んだ理由を考える際に，本文の言葉だけでなく，生活経験を想起したものを書くことも評価する。 ・船の「やく目」や「つくり」，それらのつながりを具体的にイメージできるものになるよう適宜問い返しをする。
6	●どの船に1番のってみたいですか？ ・「のってみたいぞランキング」をつくる。 ●どうして1位にしましたか？ ・1位に選んだ理由を交流する。	
7	●どんな乗り物にのってみたいですか？ ・想像した乗り物の絵を描き，「やく目」「つくり」「できること」を説明する文を書く。 ●「未来の乗り物」を紹介し合いましょう。	・絵を中心に描き，その周りに説明の文を書くことができるワークシートを用意し，絵と文とを行き来しながら考えられるようにする。

4 本時の授業展開① (第5時／全7時間)

【本時のねらいと位置づけ】

　「客船」「フェリーボート」「漁船」「消防艇」の４つの船について，「すごい」と思う順番で１位から４位までのランキングを考え、１位に選んだ船についての理由を書く。その理由の中に，船の「つくり」や「やく目」「できること」について説明がなされ、それらを全体で交流することで，「やく目―つくり―できること」のつながりを確認することができるだろう。

❶導入

> 発 問　どの船が一番すごいですか？

　本時までに，４つの船について「どんなやく目か」，そのために「どんなつくりになっているか／どんなものがあるか」，それによって「どんなことができるか」を本文の内容にそって確認している。それらを基にしてランキングを考える。本文の言葉から想像したり，イメージを広げたりしながらランキングを考えることを通して，「やく目」「つくり」「できること」のつながりについての理解を確かにすることを意図している。

　T　自分がすごいと思う船の，１位○○，２位○○，３位○○，４位○○というランキングを決めましょう。はじめに，１位から４位までを決めます。決めたら，例えば，客船を１位にしたなら，「客船が１位の理由は……だからです」と１位にした理由を書きましょう。

　C　１位は１つ？

　T　どうする？

　C　１つでいい。

　C　理由を書くのは１位だけ？

　T　１位の理由は必ず書きましょう。２～４位は，書けそうだなと思ったら書いてみましょ

う。

❷展開

発問 何を１位にしましたか？　どうして１位にしましたか？

　１位の船とその理由を交流することを通して，他者の言葉から自分のイメージや理解を広げたりすることができる。子どもの発言に対して必要に応じて問い返すことで，「やく目」「つくり」「できること」の関係性を説明したり，内容を具体化して理解したりすることを促す。

　C　ぼくは，漁船が１位だと思いました。だって，大きいあみを積むところがちょっとしかないのに，積めるからです。

　T　どうして，大きなあみが必要なの？

　C　たくさんの魚をとるため。

　T　小さいあみではだめ？

　C　小さいあみだと，ちょっとしかとれないかな。

　C　魚のむれを見つけたとするでしょ，それで小さいあみだったら，こんなにいっぱいいるのにとれないでしょ，１ぴきずつしか。だから大きなあみじゃないとむれの魚はとれない。

　T　自分の１位を言っていいよ。

　C　消防艇が１位だと思いました。だって，いろんな船が火事になったらみんなを助けてくれるからです。

　C　客船が火事になったら，たくさんの人が客船にのっていたら，たくさんの人が溺れて死んじゃうから，助けるために水を出す消防艇をつくったんだなって思う。

発問 人を助けている船はどれですか？

　「人を助ける」という視点で船の「つくり」や「できる」ことを見直す活動となる。子どもの応答によっては，「見たことがない」（経験）や「役立ち度」なども想定できる。

　C　フェリーボートは車も積めるから，場所に着いたら車で行けるから楽です。

　C　客船かな。乗っている人がゆっくりできるような客室やプールがついてることもあるよ。

❸まとめ

指示 「すごいぞランキング」決定版をつくりましょう。

　交流することを通して，「１位をかえたい」と発言する子どもがいることが想定できる。そのような子どもがいない場合でも，ランキングを再考する時間を設定することで，本時で学習したことを振り返ったり，他者の考えや自分の理解を確かめたりすることができる。

　C　１位をかえてもいい？

　C　このままの順位がいいな。

5 本時の授業展開② (第6時／全7時間)

【本時のねらいと位置づけ】

　本時では乗ってみたいと思う順番で1位から4位までのランキングを考える。前時同様に，1位に選んだ船について，選んだ理由を書く。1位の理由を交流することを通して，前時まで学習したことをより具体的に理解したり，深めたりすることができるだろう。また，「のってみたい」には，行為の主体としての感情がのせられることから，個人の生活経験や知識を反映した判断がなされ，それらの交流を通して船に対するイメージを広げることが期待できる。

❶導入

> 発 問　どの船に一番のってみたいですか？

　「のりたい」の中には，前時の「すごい」が含まれることも想定されることから，前時の学習をふまえることができ，前時では理由を表現することが難しかった子どもも自分の考えを表出しやすくなるだろう。

- T　のったことない船もあると思いますが，のってみるなら，何がいいかなというのを考えて，ランキングをつくりましょう。1位に決めた理由も書きましょう。
- C　今度は，「のってみたいランキング」だね。
- C　もう決めているよ。

❷展開

> 発 問　何を1位にしましたか？　どうして1位にしましたか？

　前時と同様に，それぞれの1位の船とその理由を交流することを通して，他者の言葉から自分のイメージや理解を広げたり確かめたりする。前時で話し合った経験を活かし，他者の考えにつなげたり，既有知識や生活経験を想起したりしながら交流することが期待できる。

- T　どれを1位にしたか，その理由もお話しましょう。
- C　漁船です。だって，むれを見つける機械を触ってみたいし，魚をとってみたいし，ここに，懐中電灯みたいなのがあるから，夜もできるから，漁船にしました。
- C　たぶん，懐中電灯がなくて暗かったら何がつれているかが分からないし，暗かったら何がつれるか見えないけど，懐中電灯が，光があったら何がつれているか分かるし，安全。
- C　懐中電灯はあったら，海の中に落ちないし。
- T　安全って言ったよ。どうして光があったら安全なの？
- C　だって，光がないと，海は街みたいに街灯とかがないし，あと天気がくもりで月が出てなかったりしたら何をつったかも分からないでしょ。だから，安全な理由は，漁船にのっ

ている人たちが，暗くて何も見えなかったら，海に落ちる可能性があるからです。

発問　「乗っている人」の「安全」を考えている「つくり」にはどんなものがありますか？

「安全」という視点で，船の「つくり」や「できること」を見直す活動となる。本時では子どもの発言から安全に着目したが，それ以外にも，「○○したい」（期待値）や「快適さ」などが考えられるだろう。子どもの思考に沿うとともに，「やく目」「つくり」「できること」とのつながりといった船の特徴に結びつくような視点を取り上げるようにしたい。

C　客船だと思いました。客船に安全のものがあると思いました。だって，ここにボートがあるでしょ，そのボートは，海に落ちたとき，助けるためだと思います。

C　客船が火事になったとするでしょ，それで，だれかが消防艇呼ぶでしょ，でも，その前にここの，○○くんが言ってくれた船で逃げれば，消防艇を呼ばずに人が助かる。

C　でもさ，消防艇が，来てもいいんじゃない？　だって，人はボートで逃げるでしょ，船が火事になっているから，消防艇はその船の火事を消さないといけない。消防艇のやく目だから。

C　柵がついていたら，安全だと思います。

C　客船だったら，こことかにあって，フェリーボートだったら，この，ここにあって，漁船だったら，ここにあって，消防艇だったら，ここにもあるし，ここにもある。

C　フェリーボートです。この写真にはないんだけど，私がフェリーボートにのったときに，何か，このところに何か，あのビニールプールみたいのがあったんよ。それって，あのさっき○○くんが言った火事になったときに使うんだと思う。空気入れたら浮かびそうだったから。

❸まとめ

指示　2つのランキングをつくった感想を話しましょう。

第5，6時の学習活動の振り返りを行う。学習全体についての感想を共有しながら，「やく目」と「つくり」の関係を再度確認し，次時の「未来の乗り物」を考える活動につなげるようにする。

C　同じ船を1位にしても理由が違っていた。

C　どの船にも安全のためのものがあった。

C　どの船もやく目に必要なものが船にあることが分かった。

T　次の時間は，「未来の乗り物」を考えて，「やく目」「つくり」「できること」を紹介し合いましょう。

（阿蘇真早子）

おにごっこを工夫して紹介しよう

> **実践のポイント** 事例の数や順序に目を向け，筆者の述べ方のよさを自分の紹介の仕方に生かす

1 教材の特性

本教材は，1段落で「どのような遊び方があるのか」「なぜそのような遊び方をするのか」という問いが読み手に投げかけられ，2段落から5段落で遊び方の例を挙げて答えている。最後に6段落で筆者の思いを述べる構成になっている。筆者は，おにごっこの取り上げ方に2つの工夫をしている。1つ目は，鬼になる人に有利な遊び方と逃げる人に有利な遊び方を同じ数だけ取り上げていることである。2つ目は，鬼に有利な遊び方と逃げる人に有利な遊び方を交互に書いていることである。筆者はこれらの工夫によって「おにになった人も，にげる人も，みんなが楽しめるように，くふうされてきたのです。」と6段落で伝えようとしている。

2 「提案読み」を促す学習課題

> **学習課題** 誰もが楽しいと思えるように，筆者は紹介の仕方にどのような工夫をしたのかな

▶課題設定のポイント

自分が選んだおにごっこを友達に紹介する活動を単元の最後に設定することで，子どもに筆者と同じように紹介の仕方を工夫し，相手に伝えようとする必要感をもたせる。「誰もが楽しめそうなおにごっこだな」と相手に思われることが，この活動の成功である。そうなるために，筆者の紹介の仕方をモデルとし，どのような工夫をしたのか探る学習課題を設定した。

▶「提案読み」へ向かう学習過程の工夫

低学年における「提案読み」は，筆者の書き方のよさに気づき，自分も取り入れたいと思うことだと考える。そのように思わせるために，段落を省いたり，順序を入れ替えたりして筆者の書き方と比較させる。また，筆者の工夫について気づいたことを毎時間「すごいぞ森下さんメモ」として記録し，蓄積させることで，自分がおにごっこを紹介するときに役立てることができるようにする。

3 単元の学習プランと主な発問

時	主な発問と学習活動	指導のポイント
1	●おにごっこをしてみて，どうでしたか？ ・筆者が紹介しているおにごっこを試し，おにごっこの楽しさや課題について感想を交流する。	・実際におにごっこで遊ばせることで，遊び方への感想をもつことができるようにする。
2	●「馬のおもちゃの作り方」と森下さんの書き方の似ているところはありますか？ ・順序を表す言葉や読み手への投げかけや呼びかけの言葉を見つける。	・既習の教材と比較させることで，説明文の書き方を想起したり，共通点を見つけたりできるようにする。
3	●森下さんはどのようなおにごっこを紹介していますか？ ・問いに対する答えを各段落から見つける。 ・教材文で紹介されている事例を確認し，遊び方を整理する。	・問いと答えの関係に着目させることで，遊び方の特徴に気づくことができるようにする。
4	●森下さんは読む人にどのような思いを伝えたいのですか？ ・書き手が伝えたいことを6段落から読み取る。	・文末表現に着目させることで，筆者の思いが表れている部分を見つけられるようにする。
5	●紹介するおにごっこの数が変わったら，「誰もが楽しめるおにごっこ」が紹介されていると思えますか？ ・紹介する数が変わったときの印象を話し合う。 ・筆者の紹介する数のよさについて話し合う。	・事例の数を変更させたものと本文とを比較させることで，印象の違いについて考えをもつことができるようにする。
6	●紹介するおにごっこの順序が変わったら，「誰もが楽しめるおにごっこ」が紹介されていると思えますか？ ・紹介する順序が変わったときの印象を話し合う。 ・筆者の紹介する順序のよさについて話し合う。	・事例の順序を変更させたものと本文とを比較させることで，印象の違いについて考えをもつことができるようにする。
7	●「誰もが楽しめるおにごっこ」は他にもあるでしょうか？ ・本に載っているおにごっこを鬼や逃げる人の役割によって分類し，紹介したいおにごっこを決める。	・役割に関する言葉や文に着目して選ばせ，紹介したい遊び方を決められるようにする。
8・9	●選んだおにごっこを「誰もが楽しめる」と思ってもらうためには，どのように紹介するとよいですか？ ・筆者の工夫の中から自分の紹介に生かしたいところを見つけて，紹介する数や順序の工夫を考える。 ・紹介の練習をしながら，分かりにくいところを伝え合い，紹介の仕方を改善する。	・紹介の内容について質問する場を設定し，説明が不足している部分を実感させることで，紹介したいおにごっこの楽しさを伝えるための補足説明をすることができるようにする。
10・11	●友達の遊び方は「誰もが楽しめる」と思えましたか？ ・友達と遊び方を紹介し合い，互いの紹介のよさを交流する。 ・筆者の述べ方の工夫が生かされたところを振り返る。	・相互評価させることで，紹介の仕方や筆者の述べ方のよさを実感できるようにする。

※2〜6時は学習のまとめとして，筆者の述べ方の工夫を「すごいぞ森下さんメモ」と題したワークシートに記録していく。

4 本時の授業展開① (第5時／全11時間)

【本時のねらいと位置づけ】

　紹介するおにごっこの数が変わることによる印象の違いについて話し合う活動を通して，筆者の工夫の効果について考えをもつことができるようにする。そうすることで，筆者の述べ方のよさを見つけ，子どもが紹介する際，事例の数に着目して活動できるようにしたい。

❶導入

> 発問　森下さんが紹介している遊び方で，元々知っていたものはありますか？

　本時では，紹介する遊び方の数を減らすことによる印象の違いを話し合うため，知っている遊び方ならわざわざ紹介する必要はないという揺さぶりをかけるためにこの発問をした。

　C　全部知っていたよ。ふえおにはよくやる！

　C　場所を決めておにごっこをするなんて，当たり前って思った。

　T　じゃあ，減らして紹介してもよいかな。ためしに，2段落と3段落だけにしてみるよ。

❷展開

> 発問　紹介するおにごっこの数が変わったら，「誰もが楽しめるおにごっこ」が紹介されていると思えますか？

　子どもたちは，教科書に載っているものは当然よいものであり，検討するものだとは考えていない。しかし，与えられたものをそのまま受け取るのではなく，そこに筆者の思いがあることに気づいてほしいと考えた。また，このことは子どもが今後事物を紹介するときに選択肢の中からその事物を選んだ理由を考えることにつながると考え，紹介する遊び方の数を減らして印象の違いを話し合うという活動を仕組んだ。

　C　森下さんの話が教科書に載っているということは，その文章が一番いい文章となっているからだと思うんだ。だから，短くすることはできないんじゃないかな。きっと「誰もが楽しめる」と思えなくなるよ。

　C　でも，長くダラダラ書くと読みにくいとお母さんに言われたことがある。

　T　もしも，2段落と3段落だけ紹介されていたらどう思いますか？

　C　2つしか遊び方がないってこと？

　C　「さまざまなあそび方」と1段落で書かれているのに，紹介されているのが2つだけっておかしいな。

　C　「これだけ？」って思うな。この文章ならわざわざ読まないな。

　あえて役割を鬼か逃げる人のどちらかに絞って提示することで，片方の役割のみの紹介では，子どもの経験上楽しい遊びとは言えないことを想起させるとともに，筆者の思いと異なることに気づかせるため，この発問をした。

　C　2段落と4段落ということは，場所きめおにとふえおにか。ふえおには，私たちもよくやるし，紹介されていたら楽しいんじゃない？

　C　これって，鬼も逃げる人も面白くないよ。ぼくたちがふえおにをしたとき，1分で終わって，つまらなかったでしょ。鬼に有利なおにごっこしか紹介されてないのは，楽しめないんじゃない？

　C　逃げてはいけないところを決めると，すぐにタッチされておにごっこがすぐに終わってしまうし，鬼が増えてもすぐに終わるからもっと長くおにごっこをしたいと思ったよ。

　C　本当だ！　教科書にも，4段落の遊びは「すぐに終わってしまいます」と書いてあるから，そんなに面白くない。

発 問　3段落と5段落だけ紹介されていても，同じように楽しくないのでしょうか？

　C　逃げる人に有利な遊び方だけ紹介するのも同じだよ。逃げる人に有利ってことは，逃げる人だけ楽しいから，鬼の人は楽しくなくなるんだよ。だって全然捕まらないのにやっても楽しくないよ。

　C　全然捕まらないのも，すぐに捕まるのも面白くないよね。

　C　森下さんは「誰もが楽しめるといいですね」と書いているので，逃げる人も鬼の人も楽しめないとダメなんじゃない？

　C　ああ，平等じゃないとダメなのか。

　C　森下さんは，逃げる人に有利な遊び方と鬼に有利な遊び方を合体させて書いている。

　C　そういえば，鬼，逃げる人，鬼，逃げる人の順番に書かれてると言っている人もいたね。

❸まとめ

指 示　今日の学習を振り返って，すごいぞ森下さんと思ったところを書きましょう。

　単元を通して行う言語活動として，毎時間，筆者の書き方で工夫していると感じたところを「すごいぞ森下さんメモ」として蓄積させた。

　C　おにごっこをたくさんの人に知ってもらって楽しめるようにたくさんの種類を書いた。

　C　鬼も逃げる人も楽しめるように鬼が有利を2つ，逃げる人が有利を2つでちょうどよくなるようにしている。

5 本時の授業展開② (第6時／全11時間)

【本時のねらいと位置づけ】

　紹介するおにごっこの順序が変わることによる印象の違いについて話し合う活動を通して，筆者の工夫の効果について考えをもつことができるようにする。そうすることで，筆者の述べ方のよさを見つけ，子どもが紹介する際，事例の順序に着目して活動できるようにしたい。

❶導入

> **発問　みんななら，どの段落のおにごっこを初めに紹介したいですか？**

　前時でおにごっこを4つ紹介するするよさは，「平等」であることだと子どもたちは気づいた。本時では，紹介するおにごっこの順序が変わることによる印象の違いを話し合うため，初めに紹介したいおにごっこについて意見を出させた。

- C　5段落！　一番楽しそうだよ。
- C　3段落！　逃げる人に有利な遊び方からにしたいもん。
- C　2段落！　森下さん，そのままがいいんじゃない？
- C　バラバラにするということ？　読んでみたらどうなるかな？
- C　変になるんじゃない？
- C　ぼくはバラバラでも変にならないと思うよ。

❷展開

> **発問　紹介するおにごっこの順序が変わったら，「誰もが楽しめるおにごっこ」が紹介されていると思えますか？**

　おにごっこの紹介の順序を変えて読んでみることを提案するため，4枚の挿絵を使って段落の順序を変えながら印象の違いや「誰もが楽しめる」と思えるか話し合う活動を行った。子どもから出た意見を基に段落を入れ替えたものを提示した。

- C　おにごっこの順番なら段落を全部シャッフルしても楽しいと思うよ。
- C　2段落，4段落，3段落，5段落はどう？　ぼくは，これがいいと思うな。
- C　鬼，鬼，逃げる，逃げるの順番か。
- C　それなら3段落，5段落，2段落，4段落の逃げる，逃げる，鬼，鬼の順番もいい？
- C　でも，これが本だったら，鬼のことだけ先に書いたり，逃げる人だけ先に書いたりしたら，片方に有利な遊び方しか書いてないと思って，読むのをやめるんじゃない？
- C　私は，この書き方がいいと思うよ。だって，役を分けて書くと整理されていてすっきりして，読みやすいと思うもん。

C 賛成！ 鬼にも，逃げる人にも有利なことが書いてあるから，紹介する順番が違っていても誰もが楽しめると思う。

T 読む人にとっては，鬼だけ書いてあると思ったら，読むのをやめてしまうかもしれないという問題があるけど，役に分けていると整理されているとも思えるね。

C ぼくは，文のつながりが気になってきたよ。4段落のふえおには，5段落の手つなぎおににつながるから，セットになってないといけないと思うんだ。

T 4段落と5段落は，どうつながっているの？

C 4段落の遊び方だと，逃げる人はすぐに捕まってしまうし，すぐにおにごっこが終わってしまうから，5段落の遊び方を付け足しているんだよ。

C 4段落の最後は「もっとおもしろくなります」とあるけど，5段落ではそれよりもっとおもしろくなるように書いている！ だから，4段落と5段落は入れ替えない方がいいね。

T 段落と段落でつながりがあるから，入れ替えたらおにごっこの紹介が変な感じになるのですね。

発 問 それなら，5，4，3，2段落と，最後から紹介されていたらどう思いますか？

C つながっているからいいよ。楽しいと思えそうだね。

C え？ 本当？ ぼくは，遊び方がだんだんつまらなくなっているみたいに思うけどな。

C 私は，5段落は4段落の進化した遊び方だと思う。だから，これの紹介も変。

C 2段落が最後っていうのも変だよ。

C だって，最後にいくほど難しいのが書いてある方が面白いじゃん。

C たしかに！ 算数もゲームも終わりの方が難しくなっているよ。その方がやっていても楽しいって思えるよね。簡単なものが最後だとなんかつまらない。

❸まとめ

指 示 今日の学習を振り返って，すごいぞ森下さんと思ったところを書きましょう。

　板書を基に学習の振り返りを行うことで，「順序」に関する工夫の効果に焦点化した「すごいぞ森下さんメモ」にまとめることができるようにする。

C 文を上手につなげられているところがすごい。遊びのレベルが簡単から難しいになっているのは，読む人のことを考えて書いているんだと思った。

C 誰もが楽しめるように，文が簡単から難しいになっている。逆だと楽しめなくなる。

C 森下さんの順番なら誰もが楽しかったと思える。なぜかというと，おにごっこのコツが誰でもつかめるように書いているから。

（有田友萌）

ナイスポイントを見つけて，
なぞとき説明文を書こう！

述べ方の工夫を議論しながら見つけ，よりよい説明文を作る

1 教材の特性

「ありの行列」は，「なぜ，ありの行列ができるのでしょうか」を問いとして示し，ウィルソンの実験・観察・研究をもとにありの行列ができる理由を説明した9段落構成の説明文である。これまでに触れてきた説明文は紹介が中心で，「中」の構成が事例を列挙したものだったのに対し，「ありの行列」は，考えの進め方に沿って論が展開していることに着目したい。実験の方法，実験結果の考察，さらなる研究というように疑問点を整理し，仮説を立てて答えを導いている。また，文末表現に着目させることで事実と考えの区別を捉えることができる。

2 「提案読み」を促す学習課題

学習 課題 ┃ 「ありの行列」のナイスポイントを見つけて，なぞとき説明文を書こう！

▶課題設定のポイント

中学年期の子どもたちの発達の特性として，生活圏の拡大や知的側面での転換がある。知的感動や想像が豊かになるこの時期，実験・観察を基にした科学的読み物を読んだり，科学的作文を書いたりする言語活動は，知的欲求を刺激していくことになる。

そこで，まず，理科の学習で取り組んだ「太陽の光」の実験を想起させ，答えを導き出した過程を伝える作文に挑戦させてみたい。「太陽の光」の学習は，光の強さと明るさ，温かさの関係を実験で明らかにし，さらに太陽の光を集めると何ができるかを探る学習である。ウィルソンの推論過程とも類似し，両者を比較することで，筆者の書きぶりに向かっていくことが想像できる。その書きぶりのよさを「ナイスポイント」として取り入れ，これからの表現活動に生かしていくことを視野に入れて上記の学習課題を設定する。

▶「提案読み」へ向かう学習過程の工夫

本単元での学習は，直接的な筆者への提案という形ではないが，筆者の書きぶりのどこがナイスポイントなのか，なぜナイスポイントなのか（なぜナイスポイントにならないのか，ナイ

スポイントになるには何が必要なのか）を吟味し，取り入れていくことが寄り添い・提案になると考えている。具体的には，段落相互の関係や，時系列を整える語彙，文末表現などが注目点になる。まず，自分の書いた「なぞとき説明文」と比較し，自分に足りなかったところや，取り入れたいところをナイスポイントとして拾い出してみる。これを読みの出発点として，文末表現→時系列の語彙→文章構成とステップアップさせ，さらに，「もし〜だったら」で「ありの行列」の文章の書かれていない部分を読み解き，科学的読み物のもつ知的な感動や想像の楽しさを十分味わえるようにする。

　こうしたプロセスを経て，再度，ナイスポイントを取捨選択させることによって，確かな根拠をもった取り入れができる。それを基に第一次で書いた「太陽の光」の説明文を修正するが，ナイスポイントの取り入れによって，他のなぞときでもこういう説明文が書けるという，これも筆者に対する提案になるのではないかと考えている。

3 単元の学習プランと主な発問

時	主な発問と学習活動	指導のポイント
1・2	●「太陽の光」の学習で大きな問いは何でしたか？　それに対する答え（伝えたいこと）は何でしたか？ ・理科の「太陽の光」の学習を思い出しながら「なぞとき説明文」を書く。	・全体を貫く問いと答え，実験の内容を想起し，「はじめ・中・終わり」の文章構成に沿って過程を整理する。
3	●「ありの行列」のナイスポイントはどこですか？ ・「ありの行列」と「太陽の光」の説明文の説明の仕方を比べて，ナイスポイントを見つける。	・問いと答え，段落の関係，文末などの観点を示し，ナイスポイントを挙げさせる。
4	●文末は使い分ける必要がありますか？ ・いくつの文末が使われているか探し出し，すべて同じ文末にした場合と比較する。	・文末表現を使い分けることで，事実と考えが区別されることを実感させる。
5	●順序を表した言葉がいくつありますか？ ・順序を示す言葉をすべて集め，それぞれの順序が何を表しているか，効果的かを話し合う。	・実験の手順や時系列，段落を意識した言葉の選び方・つなぎ方に着目させる。
6	●②〜⑧段落の中で一番大事な段落はどれでしょう？ ・②〜⑧段落をまとまりに分け，推論のキーになっている段落について話し合う。	・段落と段落がどのようにつながり，謎を解き明かしているかを視覚的に示す。
7	●「もし〜だったら」でありの動きを想像してみましょう。 ・「もし〜お尻から液が出なかったら」「もし〜液が蒸発しなかったら」などと仮定して読む。	・「もし〜だったら」という方法を使って読み，新たな発見を促す。
8・9	●ナイスポイントの中でどれを使いたいですか？ ・ナイスポイントを取り入れて「太陽の光」の説明文を修正する。	・ナイスポイントを反映させて，問いと答え等に矛盾がないか確かめる。

4 本時の授業展開① （第3時／全9時間）

【本時のねらいと位置づけ】

　理科の学習を基に書いた説明文「太陽の光」と「ありの行列」を比べ，「ありの行列」のナイスポイントを探す活動を通して，説明の運び方や段落相互の関係，文末表現などに着眼し，問いをもつことをねらう。本授業は，「太陽の光」と「ありの行列」がはじめて出会い，何を学ぶか，どう学ぶか，学びの起点となる重要な時間である。

❶導入

> **発 問** 「太陽の光」と「ありの行列」，どっちのなぞときの書き方が面白い？

　導入では，2つの説明文を出会わせ，直観的な捉えを引き出す。まず，前時で書いた「太陽の光」を音読する。「分かりやすかった？」「面白かった？」などの声掛けで書きぶりを意識させる。次に，「ありの行列」を音読する。音読後，内容面の面白さはもちろんだが，構成や論の運び方にも着目できるように発問する。

- C 「ありの行列」のほうがいいな。すごく分かりやすい。
- C 「ありの行列」のほうがなぞときって感じがする。
- C どうやってありの行列ができるのか，答えを知りたくなるね。
- T 「ありの行列」の中にも，今までの作文の勉強の中で使ってきたナイスポイントがたくさんありそう？
- C あるある。たくさん出てきそう。
- C ナイスポイントを赤で印を入れていくといいと思います。

❷展開

> **発 問** 「ありの行列」のナイスポイントはどこですか？

　次時からの文章分析の足掛かりとなるナイスポイントを探していく。子どもたちの問い意識を具体にしていく活動である。まずは，各自でポイントを探し，ペアで探し，フリーで探し，学習形態を変えながら活動を進め，全体でナイスポイントを共有する。

- T 大滝哲也さんの「ありの行列」はどうだったかな。
- C すごかった。ぼくたちとは書き方が違ってたよ。
- C とても読みやすく感じました。
- T どこが読みやすかったですか？
- C 自分で見つけた問いにあった答えになっていたところです。
- C しかも，答えが「まとめ」って感じだった。

C　問いがあって，調べて，分かって，また問いが生まれるんだけど1つ1つの答えを並べているだけじゃなくて全体をぶわってしている感じ。

C　あ〜！　分かる。なんだか包んでいるよね。僕たちが書いた説明文は，たくさんの言葉を使ってまとめているのにバラバラな感じがするよね。

C　ぼくたちの説明文も悪くはないはずなのに，なんかかっこ悪いよね。

C　だから，大滝さんの説明文にナイスポイントとして書き込んでいいと思う。

T　じゃあ，「問いと答え」の部分ね。これで終わっていい？

C　私たちが書いた説明文と比べたら段落の数も違うよ。

C　多いね。しかも，多いけど1つ1つが無駄じゃない。

T　え！　そうなの？

C　そうだよ。だって調べると分かるが繰り返しているから。

C　多すぎても読む気無くなって困るけど，ちょうど良いよね。

C　これもナイスポイントで！

発問　見つけたナイスポイントで1番のナイスポイントはどれ？

ナイスポイントの効果を意識づけるために，ナイスポイント同士を「効果」という観点で比較させ，学びへの意識を高める。

C　やっぱり，段落が多いこと？　調べると分かるの繰り返しはなぞを解いている面白さが一番伝わってくる。

C　「まず，次に」って順序よく書かれているのも大事だと思うけど，それは当たり前？

C　問いと答えも大事なナイスポイントだと思う。

C　でも，問いと答えだけじゃなぞときにならないし，なぞをどうやって解いていくかが大事なんじゃない？

C　探偵が推理していくみたいに？

❸まとめ

発問　ナイスポイントについていろんな見方があるね。もう一度，自分たちが書いた「太陽の光」と比べてみてどうですか？

C　なんかまずい気がする。書き直したい。

T　次の時間，書き直しましょうか？

C　もう少しナイスポイントを詳しく見たほうがいいと思う。本当にナイスポイントなのかも見たほうがいいから書き直しには早いと思う。

C　まだ見つかってないナイスポイントがあるかもしれない。

T　では次からは，みんなが気になった「ありの行列」のナイスポイントを見ていこう。

5 本時の授業展開② (第6時／全9時間)

【本時のねらいと位置づけ】

　前時までに着目した文末表現や順序を表した述べ方を下地として，段落相互の関係や段落の役割をより鮮明にする。第3時以降で探ってきたナイスポイントの効果を再考し，なぞときの面白さを生み出す述べ方への気づきを深めることをねらう。

❶導入

> 発　問　これまでに文末の述べ方や順番を表す述べ方を見つけてナイスポイントに加えていきましたね。どんな述べ方やどんなよさがありましたか？

　前時までの学習内容である文末表現や順序を取り上げ，ナイスポイントを効果という観点から吟味・検討してきたことを意識化する。

C　「～ました。」や「～でした。」というパターンと，「～だったのです。」とズバッと言い切っている文末がありました。

C　大滝さん言い切っているとき，興奮しているよね。

C　「分かったぞ！」っていう気持ちをウィルソンさんの代わりに叫んでいる感じ。

C　気持ちは分かる。だって，僕たちも理科の実験の時，「お～っ！」ってなるもん。

T　順番を表す言葉はどうかな？

C　順番を表す言葉を使うと，今何を大滝さんが説明しているのかが分かるし，いくつ説明したいのかが分かる。

C　あると助かるよね。

❷展開

> 発　問　②～⑧段落の中で一番大事な段落はどれでしょう？

　「ありの行列」のなぞとき部分を黒板に全文示し発問する。本文全体を視野に入れて，なぞときの面白さがどのように述べられているかを再考する。

C　途中の新たな問いがないと次につながらないから，④段落が一番大事じゃない？

C　いや，やってみて分かったことの方が大事だから，答えの方じゃないかな。

C　問いと答えってどっちが大事なんだろう？

C　でも，「ありの行列」の大きな問いと答えって①段落と⑨段落だから「中」ではないよね。

C　じゃあ，「中」の一番大事ってどうやって決めたらいい？

C　そもそも何のために一番を決めるんだっけ？

C　一番っていうぐらいだから，自分たちが「太陽の光」を書き直すときの一番のナイスポ

イントになるよね。

発　問　今までに学習した説明文になくて「ありの行列」にあるものって何でしょう？

　どの段落が抜けても説明文として成り立たないこととともに，⑤段落が仮説を交えた考察であり，説明を促進させていることに気づかせる。そのために，既習の説明文「こまを楽しむ」「すがたをかえる大豆」との比較を促し，なぞときの特徴を浮かび上がらせる。

　C　「すがたをかえる大豆」は，国分牧衛さんがいろんな工夫を一つ一つ段落ごとに紹介していたね。

　C　なぞとき説明文ではないよね。

　C　「ありの行列」では，実験してみて分かったことをそこで終わらせていないよね。

　T　どの段落のこと？

　C　⑤段落です。調べて分かったことから「はたらきありが，地面に何か道しるべになるものをつけておいたのではないか」とウィルソンさんの考えを付け足しています。

　T　あ〜そういうのを「考察」って言うんですよ。

　C　つまり，他の説明文には考察がなくて「ありの行列」には考察があるってこと？

　C　だったら，なぞとき説明文で一番大切なのは，⑤段落みたいな考察なんじゃない。

❸まとめ

発　問　なにか見つけたみたいだね。みんなで書いた「太陽の光」はどうだった？

　C　考察がなくて，真面目すぎる説明文になってた。

　C　ウィルソンさんと同じように実験の後に動画とかで調べたこともあったよね？

　C　それを考察として入れてみたら面白いかも。

　C　考察を「中」のナイスポイントにしよう！

(柴田明日香)

太陽の光

①教室で勉強していると太陽の光が教室に入ってきます。その光で教室は明るく、温かくなります。では、太陽の光「日光」を集めると、明るさや温かさはどうなるのでしょう。

②そこで、二つの実けんをしてみます。一つ目の実けんの方法は、かがみで日光をはねかえし、どれだけ温かく、明るくなるか調べました。ゼロまい、一まい、三まいと調べると、明るさや温かさはどうなるのでしょう。

③私は、もっと光を集めると、さらに光のパワーが強くなるのではと考えました。

④次に、虫めがねを使って光を強力に集め、だんボールに当ててみました。すると、けむりをあげてだんボールはもえます。

⑤さらに、調べるために、動画を見ました。動画は、「かがみ、何まいで目玉やきがやける？」という内容でした。

⑥よそうは四十まいぐらいでしたが、結果は三十まいです。

⑦このように、かがみや虫めがねを使って日光を集めると、明るく温かくなり、とても大きな力になります。

(E・H児の作文より)

かがみをふやすと、三まいのときが一番明るく、温かくなります。

4年 ｜ 「くらしの中の和と洋」（東京書籍）

それぞれの良さが伝わるようにしょうかいしよう

> 実践の
> ポイント　筆者の述べ方を代案と比較させ，述べ方の効果を問い直していく

1 教材の特性

　本教材は，暮らしの中の「住」における和と洋の良さを，観点ごとに対比したり，事例の配列を工夫したりすることによって，「わたしたちは，その両方の良さを取り入れてくらしている」ということを伝えようとしている説明的文章である。事例の選び方や配列の仕方に着目すると，それぞれ同じくらい良さがあることを伝えようとする書き手の述べ方の工夫が見えてくる。

2 「提案読み」を促す学習課題

> 学習
> 課題　和と洋のどちらにも同じくらい良さがあると思ってもらえるコツとは何かな？

▶課題設定のポイント

　説明的文章の授業では，「分かりやすかったか」「納得できたか」という子どもの評価的な読後感と筆者の述べ方の工夫とが関係づいていく学習課題を設定することで，言葉への自覚が高まっていくと考えている。そこで，「和室と洋室には，それぞれ良さがあると思えたか」と，評価的な読後感について交流する場を設定した。そうすることで，他者とのずれから驚きや葛藤などの思いが生まれ，主体的に学習課題を解決していこうとする子どもの姿が期待できると考えたからである。

▶「提案読み」へ向かう学習過程の工夫

　単元の導入では，自分と友達との評価的な読後感のずれを利用して，検討すべき述べ方の工夫を決める活動を設定した。そして，単元の展開では，筆者の述べ方と代案とを比較して，述べ方の効果を探る活動を設定した。そこで，筆者の述べ方には問題点があると考えている子どもには，「代案」を求め，むしろ良い点だと考えている子どもには，「筆者の意図」を推論させる。そうすることで，読み手と書き手との立場を往還しながら，より効果的な述べ方を共に創っていく子どもの姿が期待できると考えたからである。

3 単元の学習プランと主な発問

時	主な発問と学習活動	指導のポイント
1	●和と洋がつく言葉には，どのようなものがありますか？ ・暮らしの中の和と洋について，既有知識を共有する。 ●和室と洋室では，どちらが便利だと思いますか？ ・和室と洋室の便利さについて，知識や経験を掘り起こす。	・和室と洋室の便利さについて，自分の考えをもたせてから教材文に出会わせることで，筆者の主張に対して自分の考えをもつことができるようにする。
2	●「和室と洋室には，それぞれ良さがある」と思えましたか？ ・教材文の構成を確認し，評価的な読後感を交流する。 ●どこからそう思えた（思えなかった）のですか？ ・読後感の根拠を探り，筆者の述べ方の工夫に着目する。	・4段階の尺度で評価的な読後感のずれを可視化することで，主体的に筆者の述べ方に着目することができるようにする。
3	●説得力につながっている述べ方は，何ですか？ ・説得力という観点から，検討すべき述べ方を決める。 ●どちらにも同じくらい良さがあると思ってもらえるコツとは，何なのでしょうか？ ・単元の学習課題を設定し，解決への見通しをもつ。	・子どもの発言を「比べ方」「選び方」「並べ方」など，述べ方の工夫ごとに類型化しながら板書することで，今後の検討対象を焦点化できるようにする。
4	・2つの比べ方の特徴を確認する。 ●2つの比べ方は，説得力につながっていましたか？ ・筆者の比べ方と代案とを比較して，その効果を吟味する。 ●今日学んだ「それぞれの良さを伝えるコツ」は，何ですか？ ・2つの比べ方のコツについて，自分の考えをまとめる。	・比較の観点や数が異なる場合の代案と比較させることで，比べ方の違いから生まれる効果を捉えたり問い直したりすることができるようにする。
5	・違和感のある事例を取り出す。 ●事例の選び方は，説得力につながっていましたか？ ・筆者の事例と代案とを比較して，その効果を吟味する。 ●今日学んだ「それぞれの良さを伝えるコツ」は，何ですか？ ・事例の選び方のコツについて，自分の考えをまとめる。	・子どもの生活経験に基づく代案の事例と比較させることで，事例選択の違いから生まれる効果を捉えたり問い直したりすることができるようにする。
6	・和と洋の事例の並べ方を確認する。 ●事例の並べ方は，説得力につながっていましたか？ ・筆者の順序と代案とを比較して，その効果を吟味する。 ●今日学んだ「それぞれの良さを伝えるコツ」は，何ですか？ ・事例の並べ方のコツについて，自分の考えをまとめる。	・全て和からの説明順序の代案と比較させることで，事例の並べ方の違いから生まれる効果を捉えたり問い直したりすることができるようにする。
7・8	●「はしとフォーク」なら，どんなことを書くとよさそうですか？ ・はしとフォークの良さを交流する。 ●その紹介文には，どんなコツを使いたいですか？ ・どちらの良さも同じくらい伝わる紹介文を書く。 ●友達の紹介文には，どんなコツが見えましたか？ ・友達の紹介文の良さや自分が意識したコツを伝え合う。	・「それぞれの良さを伝えるコツ」を基に，「和と洋の紹介文」を書いたり，読み合って交流したりする場を設けることで，述べ方を工夫する良さを自覚できるようにする。

4 本時の授業展開① (第1時／全8時間)

【本時のねらいと位置づけ】

　ここでは，本時のねらいを「和室と洋室の便利さについて交流する活動を通して，内容面についての既有知識や経験を掘り起こし，暮らしの中の和と洋について自分の考えをもつことができる」とした。そうすることで，単元を通して，「〜という内容をより分かりやすく伝えようとするために，筆者は，〜という形式を用いたのだな」と，内容と形式を一体化させた読みに向かうことができると考えたからである。

❶導入

> 発 問　和と洋がつく言葉には，どのようなものがありますか？

　くらしの中で和と洋がどのように位置づいているかについて，子どもの既にもっている知識を想起させるために，上記の発問をする。さらに，挙がってきた和と洋に対して，「みんなは，どちら派か」と問い返していくことで，より具体的な経験も交流することができる。

　C　和服と洋服，和式と洋式，和食と洋食。
　T　和食と洋食だったら，みんなは，どちら派ですか。
　C　ぼくは，洋食派。だって，ハンバーガーが好きだから。
　C　私は，和食派。パンよりご飯が好きだから。
　C　私は，どっちも派。朝からご飯だとちょっと重たいけど，夜にパンだと何か物足りない。
　C　でも，朝からハンバーガーだったら重たいけど，夜にピザとパスタなら十分満足できる。

❷展開

> 発 問　和室と洋室では，どちらが便利だと思いますか？

　上記の流れで，挙がってきた和室と洋室の意見を利用して，「住」に対する自分の考えを形成させるために，上記の発問をする。挙手で立場を確認したり，赤白帽子で色分けしたりして，ずれを可視化することで，交流の必要感が高まり，対話が活性化していく。

　T　そちらが便利だと思うのは，なぜですか。
　C　和室では，正座で足が痺れるけど，洋室には，椅子があって楽だから。
　C　しかも，洋室には，ソファーもあって，ふわふわしていて，ゆっくりできる。
　T　「過ごし方」では，洋室の方が良さそうということかな。
　C　和室なら，いつでもどこでも寝転ぶことができるから，和室の方がゆっくりできる。
　C　でも，畳の上で寝るとちょっと痛いけど，ソファーやベッドで寝ると気持ちいいから，洋室の方がくつろげると思う。

C 和室だって，布団を敷けば十分くつろげる。温泉旅館に行ったとき，とてもくつろげた。

C でも，家だと，いちいち布団を敷くのが手間だから，ベッドがある洋室の方が便利だと思う。

T 「使い方」では，洋室の方が便利なのではないかということですね。

C でも，洋室は，テーブルとかソファーとか，家具がいっぱい置いてあって狭いじゃないですか。それに対して，和室は，家具があまり置かれてないから，広くて遊びやすい。

C いやいや，僕のおばあちゃんの家には，和室だけど椅子があって，……

　子どもは，教材文にある「過ごし方」や「使い方」の観点で，相手を説得しようと話し合いをしていくだろう。内容面について子どもなりの論理をしっかりと表出させておくことが，教材文と出会った際に，書き手の論理展開に着目できるかどうかの鍵になると考えている。

❸まとめ

> **発 問　教材文を読んで，「和室と洋室には，それぞれに良さがある」と思えましたか？**

　自分の知識や経験と十分に結び付けながら考えをもつことができたところで，教材文を読み，評価的な読後感を表出させるために，上記の発問をする。そうすることで，友達との納得度のずれから，読後感の根拠をつぶやき始める子どもたちの姿が期待できる。

C それぞれ良さがあると思えたよ。だって，比べ方が，分かりやすかったから。同じ内容で比べてるし，良さの数もちょうど同じようになってるよ。

C 逆に，どこでそう思えないの？

C 洋室は，疲れないみたいなことを言っているけど，卒業式の練習って椅子に座っているけど，すごく疲れるよ。

C いやいや，「疲れが少なくてすみます」だから，体育座りに比べたら，椅子に座っている方が楽だよってこと。

C でも，おばあちゃんの家には，和室でも椅子があるんだから，椅子だと疲れないから，洋室が良いっていうのが納得できない。

C 本当は，畳の上に椅子とか置かない方がいいって書いてあるよ。

C でも，最近は，フェルトで床に傷がつきにくいようにできるから，椅子の便利さで洋室の良さを説明するのは，無理があるのではないかな……。

　次時からの全体交流で，子どもの発言と教材特性とを結び付けながら，「2つの比べ方」「具体例の選び方」「事例の並べ方」など，検討対象とする述べ方の工夫を焦点化していく。筆者の述べ方には問題点があると考えている子どもと，むしろそこは良い点だと考えている子どもとのずれを利用すると，次時からの学びの必要感を高めやすい。

5 本時の授業展開② (第6時／全8時間)

【本時のねらいと位置づけ】

　ここでは，本時のねらいを「和と洋の説明順序について評価する活動を通して，筆者の意図を推論し，事例の並べ方を工夫する効果について自分の考えを形成することができる」とした。そうすることで，単元を通して学んだ述べ方の効果を「コツ」としてストックしていき，言葉への自覚を高めることができると考えたからである。

　まず，前時までに学習したことを振り返った。「それぞれの良さを伝えるコツ」のことを，本学級の子どもは，「平等に伝えるコツ」という言葉で表現しており，次の4点を挙げた。

---

①同じ観点どうしで比べる

②そのまとまりが分かるように，問いと答えをセットにする

③その中の具体例の数や文の量を同じにする

④友達にすぐ反論されてしまう具体例は書かない

---

❶導入

> **発　問　和と洋の説明は，どのような順序で書かれていましたか？**

　子どもが既に，「和と洋の説明順序を入れ替える工夫をしている」という気づきをもっているならば，それを利用するとよい。しかし，まだ事例の説明順序に着目していない場合は，上記の発問をする。題名や序論が常に和から説明されていることを確認した後，本論を調べると驚きや葛藤が生まれ，問いをつかむことができる。

　C　序論は全部，和から説明されている。

　C　1つだけ洋からだと，何か気持ち悪いよ。

　C　題名だって「くらしの中の和と洋」だから，和からでないと題名とも合わない。

　C　それに，全部そろっている方が，どこに何が書いてあるか分かりやすい。

　T　では，本論は，どのような順序で説明されていますか。

　C　え？　なんで，ここ（中③）だけ変える必要あるの？　何か変な感じがする。

　C　むしろ変えない方がよいのでは……。

　C　いやいや，これは，あえてそうしているのではないかな。

❷展開

> **発　問　この事例の並べ方は，説得力につながっていますか？**

子どもの驚きや葛藤が高まり，問いをつかんできたところで，評価的な読後感を表出させるために，上記の発問をする。そして，中③を和からの説明順序に書き換えたリライト文を配付し，説明順序の違う２つの文章を比べさせる。そうすることで，読後感と述べ方の工夫とを関係づけながら，その効果を捉えていく子どもたちの姿が期待できる。

C　私は，説得力につながっていると思う。だって，和と洋の順序を交互にすることで，どちらの良さも平等に伝わるようにしようとしたのだと思う。いつも和が先だと，和の方が良いように感じてしまう人が出てしまうかもしれないから。

C　でも，中②は，和からの順序だけど，和の方が良いとは感じなかったし，中③が洋からでも，洋の方が良いとは感じなかった。

発問　だったら，筆者が中③だけ説明順序を変えたのは，なぜですか？

　子どもの発言に合わせて書き手の意図を問うていくことで，納得解の妥当性を高めていく。

C　和からの順序だと，洋室の良さを説明しづらかったのではないかな。

C　⑬段落の「洋室だけしかないとすると」からの文が，洋室の欠点を書いているじゃないですか。この段落は，洋室の欠点を書くことで和室の良さをアピールしているのだけど，その段落が⑫段落の洋室の説明より先にきてしまうと，その後いくら洋室の良さを書いても伝わりにくいからだと思う。

C　リライト文の方を読んでみると，最後に「洋室は，使われやすくつくられているのです」と言われても，先に欠点を言われちゃっているから，「でも，洋室だけしかないと困るんでしょ」と思ってしまって，この順序だと読み手がそれぞれの良さを平等に感じにくいと思う。

C　でも，できるのなら，全部同じ順序の方が，読みやすくていいと思う。

C　だから，筆者もリライト文みたいに，どっちの順序がいいか試したと思う。その上で，ここは洋から説明した方が分かりやすいと思ったから，この順序にしたのだと思う。

❸まとめ

発問　今日学んだ「それぞれの良さを伝えるコツ」は，何でしたか？

　言葉への自覚を高めさせるために，上記の発問をする。そして，この後，教材特性と似た言語活動を設定することで，自覚した述べ方の工夫を運用していく子どもの姿が期待できる。

C　相手の不十分なところを用いて良さを伝える場合は，後に書いた方が平等に感じる。

C　順序を入れ替えてみて，どちらがより平等に感じるか確かめた方がよい。

C　良さが同じように伝わるのであれば，順序はできるだけそろえた方が分かりやすい。

T　これらのコツが本当に使えるのか，「はしとフォーク」の紹介文で試してみましょう。

（田中章憲）

効果的な資料の使い方を考え，筆者に対して提案文を書こう

> 実践の
> ポイント　資料から筆者の意図に迫り，筆者への提案によって，読者が筆者と共創していく

1 教材の特性

　本教材は，序論である第2段落で「わたしは～」と，筆者の考えを示し，結論である第11段落では「わたしたちは～」と呼び掛け，さらには「それが，日本にくらすわたしたちの責任なのではないでしょうか。」と読者に強く訴えている。筆者の述べ方で特徴的なことは，図やグラフ，写真などの多様な資料を7つも用いていることである。それは「固有種」という題材が5年生にとって身近でなく，事例がイメージしづらいからであろう。それにもかかわらず，筆者の主張がすんなりと理解できるのは，資料を用いて文章を補足するという筆者の工夫が成功しているからである。まさに，資料の効果を考えさせてくれる学習材といえる。

2 「提案読み」を促す学習課題

> 学習
> 課題　この説明文で，一番効果的な資料はどれだろう？

▶課題設定のポイント

　教材の特性でも述べた通り，本教材は資料が大きな役割を担っている。そのことを実感させるためには，まず資料なしで本文を読むことが効果的である。「資料なし本文」と「資料あり本文」を比較すると，子どもには多様な気づきが生まれる。

　例えば，資料の効果は大きいかと問えば，間違いなく大きいと答えるであろうし，一歩踏み込んで，どの資料が一番，内容の理解を助けたかと問えば，子どもの思考は自然と資料の比較へと向かい，「どの資料が一番効果的であるか」という学習課題が成立する。また，「資料なし」を読むことは，筆者の述べ方にも目を向けることになる。「資料〇を見てください」という筆者側からの資料着目への促しは，第⑤段落ただ一箇所だけである。このような気づきが，後の筆者への提案につながっていく。

▶「提案読み」へ向かう学習過程の工夫

　「提案読み」のためには，まずは筆者の主張や述べ方の工夫を全面的に受け入れ，理解する

ことが大切である。そのために，第1時の段階から資料に目を向けさせ，第2，3時で文章構成について内容面も含めて把握させる。その上で第4時からは，資料の吟味が始まっていく。

　例えば，資料は本当に分かりやすいのかという視点で，資料と各段落の結びつきを考えてみると，結びつきが見えづらい資料があることに気づく。特に資料7は「ほかく数」とされているが，本文には「保護」「くじょ」という言葉こそあれ，「ほかく」は一度も出てこない。また，第⑪段落中に配置されている資料6・7のつながりや，6・7と第⑩段落とのつながりに，子どもたちは果たして気づくことができるだろうか。このように，本単元では資料の効果を検討する中で，筆者に寄り添い，筆者と共創していく学習を展開したい。分かっているつもりで読み流していた資料，この段落のことだと，安易に結びつけていた自己の考えをより精査し，筆者の意図について真に考えることができたとき，子どもたちの中には読者の側から，よりよい述べ方や資料提示の工夫など，本当の意味で価値ある提案が生まれるはずである。

3　単元の学習プランと主な発問

時	主な発問と学習活動	指導のポイント
1	●資料の効果は大きいですか？　小さいですか？ ・資料なし本文を読み，初読の感想を共有する。 ・筆者の主張を捉える。 ・資料あり本文を読み，資料の効果について考える。	・初めに「資料なし本文」を読み，後から「資料あり本文」を読むことで，資料の効果について考える素地を作る。
2・3	●「筆者の主張」＝「固有種が教えてくれること」ですか？ ・双括型の文章構成を確認する。 ・本論がいくつのまとまりに分かれるか考えることを通して，文章の要点や全体の構成を確かめる。 ・要旨を含めた論理型要約文にまとめる。	・②段落と⑪段落との違いを考えさせる。 ・筆者の主張≠「固有種が教えてくれること」であることを捉えさせる。
4	●それぞれの資料は，どの段落と結びついていますか？ ・それぞれの資料の見方を共有する。（効果的と思う資料） ・資料と本文とのつながりを線で結び，ずれについて検討する中で，結びつきの根拠を確認する。	・資料と本文を結ぶ活動を通して，ずれを表出させる。 ・結びつきが分かりにくい資料として，6・7に焦点化する。
5	●「ほかく数」は，「保護」ですか？　「くじょ」ですか？ ・資料6・7についての見方を共有する。 ・資料6・7と本文のつながりを検討し，評価する。	・資料6と7のつながりに気づかせることがポイントである。そこから，7の捉え方に気づけるようにする。
6	●筆者にどのようなことを提案しますか？ ・文章構成や資料の使い方など，筆者の工夫を振り返り，良いところや，よりよい述べ方について提案文にまとめる。 ・書いた提案文を読み合い，コメントする。	・いきなり書かせるのではなく，学習の振り返りを共有し，自分の意見をまとめてから書かせるようにする。

4 本時の授業展開① （第4時／全6時間）

【本時のねらいと位置づけ】

　本時は，筆者に寄り添い，筆者の工夫を理解する時間と位置づけられる。資料があると分かりやすいという子どもたちの実感を基に，資料と本文との結びつきを検討することを通して段落とのつながりを考え，文章の理解をより深めるための資料になっているかどうかという資料の良し悪しを見極める視点をもたせる。また，資料6，7について着目するきっかけを創る。

❶導入

> ### 発 問　自分が選ぶ一番効果的な資料はどれですか？

　単元の最初に「資料なし本文」→「資料あり本文」の順で読んでいることで，子どもはすでに資料の効果を実感している。導入では，資料の数や，何についての資料かを確認した後，この発問を行い，資料どうしを比較することを通して，それぞれの見方を広げたり，深めたりすることを意図している。

　C　資料2。現代の地図が白い線で囲われてだんだん変わっていく様子が分かりやすいから。

　C　同じで，大陸とのつながりが分かりやすくて日本が島国になっていく様子が分かるから。

　C　資料2で，図1～4で，日本と大陸のつながりだけでなく，完新世とかの時代や，何万年前とかが上に書かれているから，どの時代にどんな形だったかが分かりやすい。

　C　資料3で，色で温度の違いが分かるし，日本が南北に連なっていることが分かるから。

　C　資料7。⑧段落の七文目「自然の作用ではなく，人間の活動によって～」のところで，どれだけ人間がくじょしているのかが分かるから良いと思いました。

　C　資料1で，日本とイギリスの位置関係や，ほ乳類や固有種の数の違いが分かりやすい。

　C　資料5は，文章だけでは分からない絶滅した動物を写真で示しているので良いと思います。

❷展開

> ### 発 問　それぞれの資料は，どの段落と結びついていますか？

　それぞれの資料と各段落を線で結ぶ活動を通して，資料と本文とのつながりを検討する。個人→班→全体という流れにすることで，意見のずれを表面化させる。全体交流の際には，まず代表班の考え（次表）を提示し，意見のずれを共有してから，それぞれの検討に入っていく。

7	6	5	4	3	2	1	資料
⑩	⑩	⑧	⑦	⑦	⑤	③	段落

C　資料２には，⑤だけでなく，④と⑥段落も入ると思います。資料７には⑨も入るかな。

C　資料６も，⑨と⑩だと思います。

7（?）	6（?）	5	4	3	2（?）	1	資料
⑩⑨	⑩⑨	⑧	⑦	⑦	⑥⑤④	③	段落

T　それでは，みんなが同意見の資料について，つながりを説明してください。（上表参照）

C　資料１は，③段落の一文目に「日本に固有種が多いことは〜島国イギリスと比べるとよく分かります。」と書いてあって，イギリスと日本の違いについての資料だから。

C　資料３，４は，⑦段落三文目「それは，日本列島が南北に長いため〜気候的なちがいが大きく，地形的にも〜変化に富んでいるからです。」を説明しているから。

T　資料３，４は具体的に言うと，それぞれどんな「ちがい」のことですか？

C　資料３は「気候的なちがい」，資料４は「地形的なちがい」を表している。

発問　意見のずれがあった資料は，どの段落と結びついているのかな？

　意見のずれがある資料についての検討に入る。ここでは，主に資料２について，班での話し合いを行い，資料６，７については，軽く触れる程度に留めて，次時で焦点化する。

C　⑤段落の一文目に「資料２を見てください。」と書いてあるので，⑤は確定だと思います。

C　④段落の一文目に「日本に固有種が多いわけは，日本列島の成り立ちに関係があります。」とあって，二文目には，「日本列島は，はるか昔，大陸と陸続きでした。」と続いていくので，④段落が説明されているから，④ともつながっていると思います。

C　⑥段落に「北海道が大陸とはなれたのは，完新世と〜」とあって，資料に時代のメーターがあるけど，そこにも「完新世」があるから，⑥ともつながっていると思います。

T　資料２は，④⑤⑥段落とつながっていることが分かりましたね。残りの資料６と７については，次の時間で詳しく見ていきましょう。

❸まとめ

発問　「本当に効果的な資料」という観点で考えると，大切なことは何ですか？

　最初の段階では，資料があると分かりやすいと感じていたことを振り返り，本時の中心である「段落との結びつき」という視点から，「効果的な資料の使い方」についてまとめる。

C　資料があるだけでは分かりやすさにつながらない。

C　段落に合った資料。段落と資料がつながっていないとダメってこと。

T　効果的な資料は，段落―つまり，文章との結びつき，つながりが大事なのですね。これから自分たちが文章を書いていく際にも活かせる視点ですね。

5　本時の授業展開②（第5時／全6時間）

【本時のねらいと位置づけ】

　前時でずれが大きかった資料6と7について焦点化する。ずれの原因は，大きく2つある。1つ目は，資料7の「ほかく数」の捉え方，2つ目は，資料6と7を別々に捉えていることである。本時では，資料に対する見方・考え方を共有し，本文と結びつけていく中で，それぞれのずれを表出させ，資料6と7を関連させている筆者の意図に気づかせる。最終的には，子どもたちの見方にずれを生じさせた箇所を，筆者に対する提案の視点へと変えていく。

❶導入

> **発問　資料6，7からは，それぞれどんなことが分かりますか？**

　授業の冒頭で資料6と7が，どの段落とつながっているかという子どもの認識を再確認し，そのずれを起点に，この発問を通して，資料から分かることの思考へと移行する。資料6は⑩段落と，資料7は，⑨，⑩のどちらか，または両方とつながっているという見方が多い。

- C　資料6は，1951年〜2007年のグラフで，資料7は，1975年〜2010年のグラフ。
- C　資料6は，6年，9年，10年…。と，間隔がばらばらになっている。
- C　でも，資料7は全部5年ごとだよ。なんで？
- C　資料6で，1951年〜2007年の間に，約2000万→約1500万 ha に天然林が減少している。
- C　1951年から1986年までは結構減っているけど，そこからは，ほとんど減っていない。
- C　資料7は，1975年から1995年頃が，0頭から1300頭ぐらいまで上がっています。
- C　特に，1980年から1985年までが，大幅に上がっている。
- C　1995年から2000年の間が一番高くて，その後は減ってきている。

❷展開

> **発問　2つの資料は，⑨，⑩段落の，どの部分とつながっていますか？**

　資料と本文とを結びつけて読むことを促す発問である。⑨，⑩段落を拡大提示し，本文と資料のつながりを考える中で，「保護」と「くじょ」という2つの言葉への着目を促していく。

- C　⑨段落の最後，保護したこと…。「保護したことがよい結果を生んだのです。」とか。
- C　「保護したことが〜」のところもあるけど…。「ニホンカモシカは，らんかくによって〜減少しました」と書いてあって，資料7とつなげると，一時期減っている部分があるから，そこが，「絶滅しました」っていうところとつながっていると思います。
- T　資料7の1975年は，確かに「ほかく数」が0で，「絶滅」とつながりそうですね。でも，本当につながっているのかな？　⑩段落も見てみると，何か気づくことない？

C　あっ，害獣として「くじょ」されるようになった。

T　でも，資料7の説明には，「ほかく数」って書いてあるよね。

C　えっ。あっ！「保護」じゃない。

発 問
（子どもの発言）「ほかく」って，捕まえるってこと？　「保護」と「くじょ」のどっち？

　本時の核となる発問である。ここでは，子どもから発せられた問いを全体に広げていった。この時点では，「保護」派と「くじょ」派が混在している。班での話し合いを通して，2つの資料を関連づけている筆者の意図に気づかせていく。

C　資料6の「天然林の面積」が減っていくにつれて，資料7の「ニホンカモシカのほかく数」が増えていっているので，「くじょ」の方だと思います。

C　天然林が減るにつれて，ほかく数が増えるってことは，カモシカが天然林を荒らしている…？

T　最初の分析を思い出してみて。天然林のグラフは1951年から始まっているけど？

C　カモシカは，1975年からだった。なんでだろう…。その頃の天然林の面積は…。

C　あっ！　天然林が減って，カモシカが木の芽を食べたから，「くじょ」されたんだ。

T　じゃあ，「ほかく」される数が減った頃の資料6を見てみると…？

C　2000年～2010年に近いところは…。天然林の面積が，あまり変わっていない。

C　天然林は少ないままで変わらないけど，カモシカが「くじょ」されて減ったのか。

C　あっ，だから，天然林とカモシカのバランスが保たれた！

T　ということは，資料6と7は，別々の資料なの？

C　いや，同じ。関連している！　2つで1つ！

C　⑩段落の四文目に，「固有種の保護は～バランスが重要なのです。」って書いてあって…

C　あ～。バランスか！　6と7を合わせて見ると，「バランスが大事」ということが分かる！

❸まとめ

発 問　2つの資料，このままでいい？　どうすれば，より分かりやすくなりますか？

　2つの資料について効果の大きさを確認しつつ，本時を振り返り，関連が分かりづらいことを共有する。その上で，どうすればより分かりやすくなるか班で話し合い，提案を行う。

C　2つの資料を合体させる（重ねる）と良い。（図を示しながら）こんなふうに。

C　資料6と資料7に合った⑩段落の文章を，みんなで作るといい（⑩段落を書き換える）。

C　資料7の「ほかく数」を「くじょ数」に変えたらいいと思います。最初，「ほかく数」のことを「保護」か「くじょ」かで迷っていたので，「くじょ数」にすれば迷わないから。

C　⑤段落のように「資料○をみてください」と書く。

（小泉芳男）

6年 ｜「メディアと人間社会」「大切な人と深くつながるために」「【資料】 プログラミングで未来を創る」(光村図書)

これからの社会を生きていく上で
大切なことについて語り合おう

> **実践の
> ポイント**　自分の伝えたいことに合う述べ方を自ら選択し，
> 教材文の課題を自分に引き寄せて読む

1　教材の特性

　「メディアと人間社会」,「大切な人と深くつながるために」,「【資料】 プログラミングで未来を創る」は，それぞれの筆者がこれからの社会を生きていく上で大切なことについて述べた説明的な文章である。これらの文章が並列的に配列されていることが大きな特性である。

　「メディアと人間社会」は，筆者が「人がメディアに求めていることを意識しながら，メディアと付き合っていく」必要性を読者に伝えるために，4つの事例を用いて説明した双括型の説明的な文章である。4つの事例は，メディアが発達してきた順に並べられ，メディアの発達に伴って，メディアが人に与えてきたマイナス面が大きくなっていくように描かれている。

　「大切な人と深くつながるために」は，筆者が「コミュニケーションの力を身に付け，大切な人と深くつながっていく」必要性を読者に伝えるために，一般的なコミュニケーション像と筆者の考えるコミュニケーション像とを対比的に示しながら説明した説明的な文章である。また，読者に語りかけるような口調や身近なスポーツの例を用いて，コミュニケーションが上達するために練習することを推奨している。

　「【資料】 プログラミングで未来を創る」は，筆者が「人間が主体となって，プログラミングをうまく活用していく」必要性を読者に伝えるために，人間に代わってAIが担うようになった仕事の事例を挙げながら説明した双括型の説明的な文章である。人間の仕事がAIに代わった一方，AIによって便利になった事例を挙げ，具体的な数値を用いながら未来に起こりそうなことを予測している。

2　「提案読み」を促す学習課題

> **学習
> 課題**　これからの社会を生きていく上で，何が一番大切なのでしょうか？

▶課題設定のポイント

　子どもが「これからの社会を生きていく上で大切なこと」について伝えるという目的意識を

もって，３つの説明的な文章を読むように単元を仕組みたい。そうすることで，子どもは，「これからの社会を生きていく上で，何が一番大切なのか」ということを考えながら，３つの文章を比べて読もうとするだろう。比べて読むことで，３人の筆者の論の展開の仕方や表現の仕方の良さ（以下，述べ方の工夫）を捉えながら，要旨を把握していくと考える。

▶「提案読み」へ向かう学習過程の工夫

　単元初めには，今の社会についての捉えと，これからの社会がどうなっていくのかについての考えを交流し，「これからの社会を生きていく上で大切なこと」について話し合うようにする。その後，３つの説明的な文章を読み，一番心を動かされたものについての考えを交流する場を設定する。また，単元終末には，自分の考える「これからの社会を生きていく上で大切なこと」を意見文として書き表すことで，３人の筆者の述べ方の工夫を自覚し，よりよい述べ方を見出すことができるようにしたい。

3　単元の学習プランと主な発問

時	主な発問と学習活動	指導のポイント
1	●今の社会は，どんな社会ですか？ ●これから，今の社会は，どうなっていくと思いますか？ ●これからの社会を生きていく上で，何が一番大切なのでしょうか？ ・今の社会についての捉えと，これからの社会を生きていく上で大切なことについての考えを交流する。	・今とこれからの社会について考えを交流した後に，これからの社会を生きていく上で大切なことについて話し合うことで，課題に切実感をもつことができるようにする。
2	●どんな説明文に心を動かされますか？ ●３人の筆者が書いた説明文に心を動かされますか？ ・心を動かされるかどうかを考えながら，３つの説明文を読み，自分の考えをノートに書く。	・心を動かした度合を記号で表すよう促すことで，筆者の述べ方の工夫に着目して話し合うことができるようにする。
3	●なぜ□さんの説明文は多くの支持を得ているのでしょうか？ ●身近な例にすると本当に読者の心を動かすのでしょうか？ ・多くの読者の心を動かした説明文を書いた筆者の述べ方の工夫について話し合う。	・筆者の述べ方の工夫が本当に工夫と言えるか問い返すことで，工夫の具体を捉えることができるようにする。
4	●それぞれの筆者は何を伝えようとしているのでしょうか？ ●筆者は，○○のことをどう捉えているのでしょうか？ ・３つの説明文が伝えたいことと，伝えたいことへの筆者の捉え方について話し合う。 ●改めて，どの説明文に，心が動かされますか？ ・心が動かされる説明文について話し合う。	・３人の筆者が伝えたい「メディア」「コミュニケーション」「AI」の筆者の捉え方を問うことで，筆者の述べ方の工夫と，筆者の伝えたいこととのつながりを捉えられるようにする。
	●自分が「これからの社会を生きていく上で大切なこと」について語るとき，誰の述べ方が一番参考になりますか？	・取り入れたい述べ方について，発言者の意図を周りの子どもに問う

5	・自分が伝えたいことを決め，伝えたいことに合う説明文の述べ方を選択する。 ●□くんは，なぜ～にするとよいと言っているのでしょう？ ・選択した述べ方の工夫について話し合う。	ことで，述べ方の工夫を問い直し，述べ方の工夫について自覚することができるようにする。
6 ・ 7	●3人の筆者の述べ方を生かして，自分の伝えたいことが伝わるように意見文を書きましょう。 ・伝えたいことと，述べ方，なぜその述べ方をするのかということを意識しながら，意見文を書く。	・授業中や休み時間に，図書室の本やタブレットの使用を認めることで，事例を示すための資料を使って意見文を書くことができるようにする。
8	●誰の意見文にグッと来ましたか？ ・お互いが書いた意見文を読み合い，感想を交流する。 ●今回の学習は，自分にとってどれくらいの価値がありましたか？　また，それはなぜですか？ ・本単元で学んだことをノートに書く。	・共感した意見文についての交流後，今回の学習を生かす場面を問うことで述べ方の工夫についての自分の考えを深めることができるようにする。

4　本時の授業展開① (第3時／全8時間)

【本時のねらいと位置づけ】

　本時は，3人の筆者の述べ方の工夫を大まかに捉える時間である。そこで，3つの説明文を読んで，心が動かされた度合いをそれぞれ4段階で評価し，その結果を全体で共有していく。

　本実践では鴻上尚史さんの「大切な人と深くつながるために」を例に述べていくこととする。

❶導入

> **発 問**　なぜ鴻上さんの文章は多くの支持を得ているのかな？

　C　鴻上さんは，1段落や3段落にあるように，共感できる身近な例を入れているから良いなと思いました。

　C　鴻上さんは，1段落の「例えばあなたが…」とあるように，日常的なことを例に挙げていますよね。みんなも友達と遊ぶ約束をして，友達の家に行きたいのだけど，その友達は自分の家に来たいみたいなことあるじゃないですか。そういう分かりやすい身近な例を入れていたから，良いのではないかなと思いました。

　このように，子どもは，学習経験や生活経験を基に，述べ方の具体を挙げながら，心を動かす文章について考えようとしていく。その際，筆者の述べ方を黒板上に明示的に示しておくことで，述べ方の工夫を大まかに捉えることができるようにしたい。

❷展開

　子どもは，「身近な例」が述べ方の工夫であると感じているものの，なぜ工夫と言えるのか

についてはなかなか気づきにくい。そこで，「身近な例」が本当に工夫と言えるかを問い返したい。本実践では，以下のように，教師の想定していた発問をU児が代わりに行った。

発問
（子どもの発言）　身近な例よりも，体験談を入れた方が説得力が増すから良いと思うけど，どう？

T　Uくんの言っていること分かる？

C　「なりました」だったら，自分で体験しているっていうのが分かりますよね。それだと，95％位信じられるのですけど，「例えば…」だと，ちょっと信じられなくて，80％位になるのですよ。だって，「例えば」は，仮にということで，実際に起こった確信はないから，本当に起こったのかなって私は思って，Uくんも，他人事みたいに言うのではなくて，自分事を言ったら良かったのではないかって言っているのだと思います。

U　実際に例を挙げてみるのですけど，最後から3行目の「大丈夫」の後に，筆者が私も体験したっていうことを読者に伝えた方が，自分もそうだったから，きっと君たちも大丈夫っていう安心感を読者に与えることができたのですよ。でも，実際ここには，自分が体験したとか書かれていないから，そういうところがあれば，もうちょっと安心感を与えられて，◎（筆者への評価）になったのではないかなと思いました。

C　ぼくは，Uくんと反対の意見なのですけど，Uくんが入れた方が良いっていう筆者の本当の体験談は，読み手からしたら，他人の体験じゃないですか。自分の身に起きたことではないってことだから，鴻上さんが今，説明文で書いている「あなたが友達と一緒に遊びに…」という風に，自分に考えさせるっていうか，あくまで他人の話を聞くのではなくて，自分でその身になって考えてみるっていう面では，鴻上さんの書き方が良いと思います。

　このようにして，筆者の述べ方の工夫について疑問を抱いている子どもの発言を取り上げたり，筆者の述べ方が本当に工夫と言えるかを問い返したりすることで，子どもは，述べ方の工夫を具体化していくのである。

❸まとめ

指示　心を動かす文章について分かったことはどんなことかな？

　A　身近な例を使って書くことで，読者が自分に引き寄せられることが分かりました。

　これは，A児が本時の中で，ノートに書いたことである。A児は，話し合いの前，鴻上さんの述べ方について，◎と評価しているものの，理由は分からないと記述していた。しかし，「読者が自分に引き寄せられる」という言葉にあるように，身近な例の良さを捉えている様子がうかがえる。このように，単元の初めから，心を動かす文章について追究をしていくことで，子どもは，筆者の述べ方に目を向けながら，よりよい述べ方を見出そうとしていくのである。

5 本時の授業展開② (第5時／全8時間)

【本時のねらいと位置づけ】

　本時は，3人の筆者の述べ方の工夫を自覚し，自分の書く意見文に合う述べ方を選択する時間である。そこで，授業冒頭に心が動かされた述べ方についてペアで確認し，全体で共有する。その上で，筆者の立場から，述べ方の工夫を具体化していくことで，述べ方の工夫を自覚し，自分の伝えたいことに合う述べ方を自ら選択することができるようにしたい。

❶導入

> **発問**　自分の伝えたいことを伝えるには，誰の述べ方を参考にしたい？

I　ぼくは，鴻上さんみたいに書きたくて，内容はAIのことで書きたいから，2段落の「コミュニケーションが得意とは，…一般的には思われています」って，ぼくたちが勘違いしているみたいに書かれているじゃないですか。そんなところも，AIが一般的には良いと思われているけど，みたいに書いたら良いと思いました。

C　池上さんって，2から5までを，時代順に，順序良く伝えているじゃないですか。ぼくは，節水，節電を伝えたくて，節水をしなかったら，最初にこういうことが起こって，最終的にはこういうことが起こるのだよっていうことを順序良く伝えたかったから，2から5までの書き方を真似したいです。

M　ぼくは，メディアとうまく付き合っていくことについて書きたいのだけど，石戸さんと鴻上さんのを合わせたら良いのではないかなと思って，石戸さんの1段落の「2045年にはAIが…」の推理みたいな具体的なことを書いて，それを鴻上さんの文の前に書いたら，何か良い文になるのではないかなって。

　I児やM児の下線部の発言にあるように，多くの子どもにとって，述べ方の工夫を大まかに捉えられても，具体的に捉えることは難しいと考えられる。そこで，発言者の意図を周りの子どもに問うようにする。

❷展開

> **発問**　Mくんは，なぜ石戸さんの1段落の文を鴻上さんの文の前にもってきたらよいと言っているのだろうね？

C　石戸さんの文の最初に予想みたいなのが書いているじゃないですか。2045年っていう具体的数値を書いてあって，具体的に表したら読者もそうなのだなってなると思うからです。

C　Mくんは，あなたの友達の…の前にやるって言っていたのですけど，この1段落の前にわざわざつける理由を教えて。自分の書き方に生かしたい。

T　（M児が答えられなかった）みんなはどこに書いたら良いと思う？　最初？　最後？

C　私は最初が良いと思って，これからメディアについて説明していくのに，今からの社会は危険だよって知らせることによって，あ，やばいなって心の中で思いながら，自分に引き寄せながら読むことができるから，最初に書く方がより良いと思います。

C　ぼくは最後の方が良いと思って，最後に自分のまとめを書くじゃないですか。だから，その手前に書くと良いと思います。Mくんは具体的な数値はどうなると思っているの？

M　新しい技術が開発されるみたいなことに…

C　じゃあ，その新しい技術が開発される中で，私たちがメディアとどう付き合っていくかを大切にした方が，どうメディアと付き合っていくかを考えていく必要があるってことだから，まとめの前に書くことによって，まとめとのつながりがより明らかになって，より共感しやすくなるから，最後に書いた方が良いと思いました。

このように，取り入れたい述べ方について，発言者の意図を周りの子どもに問うことで，数値を使う良さを問い直し，自分の述べ方に生かそうとしたり，最後のCの発言にあるように，書き手の意図を捉えながら述べ方を提案していこうとしたりすることになるだろう。

❸まとめ

> 指示　誰のどういう述べ方を参考にしたいか，なぜそう思ったのかを振り返りに書こう。

K　鴻上さんを参考にしたい。私が伝えたい「責任感」には具体的な数値を使いにくいので，例えを使って読者に共感してもらう。キーワードを使うと，私の伝えたいことがより伝わる。話しかけを使うと，読みやすく，読者がその話題について考えられる。

これは，K児の振り返りの記述である。K児は，展開部分での友達のやりとりを聞き，数値を使う良さを捉え，数値を使いたいと思ったものの，自分の伝えたい「責任感」には合わないことを捉えている。このように，述べ方の工夫を自覚することで，使う場面や状況を考えながらよりよい形で述べ方について自ら選択することができるようになると考える。　　　（山本侑子）

　　危機感と責任感をもって

　今，新型コロナウイルスの感染者が少なくなったとします。もし，あなたの友達から，
「もう，コロナの感染者，少なくなったから，マスクはずしていいんじゃない。」
と言われたら，あなたはどうしますか。

　今，新型コロナウイルスのえいきょうで，マスクをしないと外出できない日々が続いています。でも，もしマスクを外して外出してしまったら，あなたがコロナウイルスに感染するかもしれません。あなたが人にうつしてしまうかもしれません。だから，「まだ，完全にコロナがおさまったわけじゃないから」「自分が人にうつしてしまうかもしれないから」このような危機感，責任感をもつことが大切なのです。

　最近，コロナウイルスの流行っている生活に慣れてしまい，危機感や責任感がうすれてきていると思います。しかも，命に関わる日々が続いています。なので，「きっと大丈夫」ではなく，「もしも，感染したら危ないから。」と，危機感，責任感をもって生活することが大切なのです。

〔資料　K児の書いた意見文〕

Column 2

ICT 活用と国語科授業
～より国語科の本質に向かう～

　コロナ禍において，日本は ICT 後進国であることが一気に露呈し，GIGA スクール構想が急ピッチで進められている。GIGA スクール構想とは，児童生徒に 1 人 1 台端末，高速大容量の通信ネットワークを一体的に整備し，個別最適化された学びを実現することである。筆者の大学では，数年前から教員も学生も同機種のパソコンを必携化し，Wi-Fi 環境を整備。Microsoft 社の Teams を使って授業のネットワーク化を進めていたため，コロナ禍にあってもスムーズにオンライン授業へ移行することができた。状況に応じた対面とオンラインの切り替えは，学びの保障という点からも重要な環境整備という実感がある。一刻も早くハード面の整備だけでも進んでくれたらと思う。

　しかし，本当の意味での ICT 活用はここからである。ICT とはもっとも縁遠いと思っていた国語科授業も，それは対面を前提とした話であり，オンラインとなればそうも言っていられない。ICT 活用で最大のコンテンツとなるデジタル教科書をどう使いこなすか，先生と子ども，子どもと子どもの双方向のやり取りをどう成立させるか，教科内容をどう意識させ言語活動を展開するかなど，対面ではなんとなくできていたことも，オンライン授業ではそう簡単ではない。求められるのは，これまで以上の国語科としての学び，教科内容の具体的な描きである。教科内容という中心軸が通り，授業コンテンツの共有，双方向のやり取り，活動の協働化などが進めば，オンライン授業の中にも「主体的・対話的で深い学び」は確かに存在していくのである。

　こうしてオンライン授業の発想を得ていくと，対面授業での ICT 活用の可能性も見えてくる。自分のスピーチやグループでの話し合いを端末で録音・録画し，再生し，分析することができる。構想表を基に文章を作成し，校閲機能で文章チェックを行い，推敲することができる。人物関係図を自由にレイアウトしたり，挿絵を使ってポスターを作成したりできる。互いの学びを共有し，検討しあうという探究的な学びへと発展していくこともあるだろう。もちろん，ICT で学びがつながっていれば，場所を教室に限定する必要もない。郊外に出てインタビュー活動を中継したり，地域を探索しながら一句読んだり，リアリティのある学びが展開できる。

　言うまでもなく ICT 活用は万能の策ではない。反射光や透過光の違いで批判的思考の働きが異なるといった研究や手書きのよさ，身体に与える効果なども国語科はしっかり視野に入れておく必要があるだろう。いずれにしても，ICT 活用によって，国語科授業の見直しが図られ，子どもと言葉の距離が縮まることが，子どもたちにとっての最大の利益となる。

（香月正登）

第3章

「批評読み」でつくる
文学的文章の
課題・発問モデル

1年 │ 「ずうっと，ずっと，大すきだよ」（光村図書）

「ひみつ」がありそうなところを選んで話し合おう

> **実践の ポイント** 疑問を選んで評価する

1 教材の特性

　本教材の大きな特性は，語り手の「ぼく」が，自分自身の行動の理由など明確に語っていない部分があることである。だからこそ，子どもは語られていない部分に疑問をもち，叙述を根拠として仲間と話し合い，自分なりの読みを見出していこうとするだろう。

　そして，特に大切なのが，毎晩エルフに言っていた「ずうっと，大すきだよ」が，結末では「ずうっと，ずっと，大すきだよ」に変わったことである。題名でもあり，物語全体に大きく関わる部分となるだろう。また，エルフが世界で一番素晴らしい犬である理由（冒頭），エルフは気にしないと分かっていたのに「ぼく」が子犬をもらわなかった理由（アイロニー）なども語られていない。これらに疑問をもって話し合っていくことが，この物語を読む上で大切となる。

2 「批評読み」を促す学習課題

> **学習 課題** 「ひみつ」がありそうなのはどれだろう？

▶課題設定のポイント

　「ひみつ」とは，物語で大切なこと（「ずうっと，ずっと，大すきだよ」に変わった理由など）であり，文学の原理（「変化」「結末」など）と関わる。仲間と話し合いたい疑問について考えていく中で，「題名と同じだから『ひみつ』があるはず」「その『ひみつ』が分かるともっと面白くなりそう」など「『ひみつ』がありそう」という視点を共有し，学習課題を設定する。

▶「批評読み」へ向かう学習過程の工夫

　選んだ疑問について話し合い，自分なりの読みを見出していく。そして，話し合った後には，その疑問の「ひみつ点数」（この物語で大切なことと考えるかどうか）を5点満点で評価し，理由を書くように促す。「ひみつ点数」を付けていくことが，本単元において「大切なところ」を見極めていくこと（批評読み）となる。

3 単元の学習プランと主な発問

時	主な発問と学習活動	指導のポイント
1	●お話を読んで，どのようなことを思いましたか？ ・題名からどのような物語かを想像し，交流する。 ・範読を聞いたり，自分で読んだりする。 ・感想や疑問を交流する。	・子どもから疑問が出たところで，「他に分からないことはあった？」と全体に問い，疑問を交流していく。
2	●どれについて話し合うとよいでしょうか？ ・叙述から分かる疑問や関係する疑問同士を整理する。 ●「ひみつ」がありそうなのはどれだろう？ ・「『ひみつ』がありそう」という視点から疑問を選ぶ。	・「ひみつ」とは「このお話で大切なこと，分かるとお話がもっと面白くなること」であることを確認する。
3	●なぜ「ぼく」はエルフを「せかいでいちばんすばらしい犬」だと言っているのでしょうか？ ・「いっしょ」の繰り返しなどぼくとエルフとの関わりが分かる叙述や挿絵を基に，「ぼく」のエルフに対する見方について話し合う。	・叙述や挿絵から「ぼく」とエルフの関わりが分かる部分を探すよう促す。物語を読む上で，「冒頭」が大切となることをおさえる。
4	●なぜ「ぼく」は毎晩エルフに「ずうっと，大すきだよ」と言ったのでしょうか？ ●もし毎晩言わなかったらどうなるでしょうか？ ・関係する叙述を探したり，「もし毎晩言わなかったら」と仮定したりしながら「ぼく」の思いについて話し合う。	・「もし毎晩言わなかったら」と仮定した場合と，毎晩言った場合とを比べながら考えるよう促す。「題名」と関わる部分の大切さをおさえる。
5	●なぜ「ぼく」はとなりの子から子犬をもらわなかったのでしょうか？ ・叙述を基に「ぼく」と「となりの子」で役割演技をしながら，「ぼく」の気持ちについて話し合う。	・複雑な場面であり，役割演技をして考えるよう促す。「変だな」と感じる部分が大切な場合があることをおさえる。
6	●なぜ最後は「ずうっと，ずっと，大すきだよ」に変わったのでしょうか？ ●誰に「ずうっと，ずっと，大すきだよ」と言っているのでしょうか？ ・なぜ「ずうっと，ずっと，大すきだよ」に変わったのか，また，誰に向けて言っているのかについて話し合う。	・出た意見を整理し，「ずうっと，ずっと，大すきだよ」を言う相手の捉えの違いに気づくことができるようにする。物語を読む際に，「結末」が大切となることをおさえる。
7	●なぜ「ぼく」はエルフのことを話したのでしょうか？ ・これまで話し合ったことを振り返ったり，物語を読み返したりながら，「ぼく」の気持ちについて話し合う。	・語り手の「語る目的」についても考えることをおさえる。
8・9	●見つけた「ひみつ」を文章に書いて伝えましょう。 ・見つけた「ひみつ」を文章に書く。 ・他の学級の友達や他の学年，家族などに読んでもらった感想を全体で交流する。	・文章を書く見通しをもつことができるようにするため，教師が書いた文章の見本を提示する。

4 本時の授業展開① (第2時／全9時間)

【本時のねらいと位置づけ】

　本時のねらいは，「ひみつ（物語で大切なこと）」がありそうな疑問を選ぶことである。今後の学習の見通しを立てる時間となる。

❶導入

> ### 発 問　どれについて話し合うとよさそう？

　叙述から分かる疑問や関係する疑問同士を整理したり，「『ひみつ』がありそう」という視点を共有したりするためにこの発問をした。以下は，第1時で子どもから出た疑問の一部である。

・なぜ「ぼく」はエルフのことを話したのだろう？

・なぜ「ぼく」はエルフが「せかいでいちばんすばらしい犬」と言っているのだろう？

・なぜ「ぼく」はエルフをまくらにしたのだろう？

・なぜ家族はエルフを叱っていながらエルフのことが大好きなのだろう？

・なぜ兄さんや妹はエルフのことを好きと言わなかったのだろう？

・なぜ「ぼく」は毎晩，エルフに「ずうっと，大すきだよ」と言ったのだろう？

・なぜ「ぼく」はとなりの子の子犬をもらわなかったのだろう？

・なぜ「ぼく」はとなりの子にエルフのバスケットをあげたのだろう？

・なぜ最後は「ずうっと，ずっと，大すきだよ」に変わったのだろう？

C 　「なぜ『ぼく』はエルフが『せかいでいちばんすばらしい犬』と言っているのだろう？」について話し合いたいです。なぜかというと気になるからです。

C 　エルフのことを話したのは，「せかいでいちばんすばらしい犬」に関係がありそう。

C 　「なぜ兄さんや妹はエルフのことを好きと言わなかったのだろう？」も気になります。

C 　それは，108ページの2行目に書いてあるよ。

話し合っていくと，「結末」「題名」から「『ひみつ』がありそう」という視点が出てきた。

C 　なぜ「ずうっと，ずっと，大すきだよ」に変わったのかについて話し合いたいです。最後の言葉だから大切だと思うからです。（結末）

C 　それに，題名と一緒じゃん。だから，何か意味がありそう。（題名）

T 　意味って分かる？

C 　「ひみつ」みたいな感じ。

C 　そういうことか！

T　みんなも「ひみつ」がありそうって思う？

C　（大半が同意の反応を示していた。）

T　「ひみつ」が分かると何がいいんだろう？

C　もっと（物語が）面白くなりそう！

「ひみつ」とは「このお話で大切なこと，分かるとお話がもっと面白くなること」であることを全体で共有した。

❷展開

> 発 問　「ひみつ」がありそうなのはどれだろう？

C　「ぼく」が毎晩エルフに「ずうっと，大すきだよ」と言ったのには何か「ひみつ」がありそうです。題名の言葉に似ているからです。（題名）

C　最後は「ずうっと，ずっと，大すきだよ」に変わったから何か関係がありそう。（変化）

C　あと，隣の子の子犬をもらわなかったことも「ひみつ」がありそう。「エルフは気にしないってわかっていた」ならもらってもよかったのに，何か変な気がする。（アイロニー）

「『ひみつ』がありそう」という視点で疑問を選んでいくと，「変化」「アイロニー」に関係する疑問もあがってきた。

❸まとめ

> 指 示　「ひみつがありそう」点数はいくつ？

意見が多かった疑問について，「ひみつ」がありそうかどうかを点数化して交流した。

	1点	2点	3点	4点	5点
なぜ「ぼく」はエルフのことを話したのだろう？	6人	5人	7人	7人	10人
なぜ「ぼく」はエルフが「せかいでいちばんすばらしい犬」と言っているのだろう？	1人	1人	10人	15人	8人
なぜ「ぼく」は毎晩，エルフに「ずうっと，大すきだよ」と言ったのだろう？	4人	7人	7人	7人	10人
なぜ「ぼく」はとなりの子の子犬をもらわなかったのだろう？	5人	3人	8人	10人	9人
なぜ最後は「ずうっと，ずっと，大すきだよ」に変わったのだろう？	2人	1人	5人	5人	22人

「なぜ最後は『ずうっと，ずっと，大すきだよ』に変わったのか」は，点数がとても高かった。点数の理由には，「お話の最後で大切だと思うから『ひみつ』がある」や「題名と一緒だから何か『ひみつ』があるはず」などが見られた。このように，疑問について話し合う前でも，文学の原理と関係づけて「大切なところ」だと着眼している様子もあった。

5 本時の授業展開② (第6時／全9時間)

【本時のねらいと位置づけ】

　毎晩エルフに言っていた「ずうっと，大すきだよ」が，結末には「ずうっと，ずっと，大すきだよ」に変わった理由について話し合うことを通して，この部分の「ひみつ点数」を考えることができる。結末の一文についての批評読みの時間である。

❶導入

> **発問　なぜ最後は，「ずうっと，ずっと，大すきだよ」に変わったのだろう？**

　自分の読みをノートに書き，話し合っていった。以下は，子どもの読みの一部である。

- ・エルフのことがあったから，次に動物を飼うときは，もっともっと「ずっと」大好きでいるよ，って気持ちを伝えたいから。
- ・他の犬，子ねこ，金魚だけでなく挿絵に描いてあるようなたくさんの動物を飼うから，その分「ずっと」が多くなったから。
- ・エルフがいなくなってしまって，いなくなる前よりも，もっと「ずっと」大好きだよ，とエルフに言いたくなったから。
- ・エルフに言えなくなってしまって，もっと強く言いたくなったから。
- ・「せかいでいちばんすばらしい犬」だから，いなくなってもいつまでも大好きだよと伝えるため。
- ・もっと「ずっと」大好きだよ，とエルフに向けて言うことで，悲しくてたまらなかった気持ちを少しでも和らげるため。

　読みを整理した板書を見て，子どもから「他の動物に言っているんじゃないの？」「いや，エルフじゃないの？」という声があがり始めたところで，次の発問をした。

❷展開

> **発問　「ずうっと，ずっと，大すきだよ」は他の動物に言っているの？　それとも，エルフ？**

　このように発問することで，誰に向けて言っているのかに焦点を当てて話し合っていった。

C　「いつか，ぼくも，ほかの犬をかうだろうし，子ねこやきんぎょもかうだろう」って言っているから，他の動物だと思います。

C　ぼくも，そう思います。だって，115ページには，他の犬や子ねこ，金魚は出てきているけど，エルフは出てこないからです。

C　うーん，エルフは出てこないけど，ぼくは，やっぱりエルフじゃないかなって思います。だって，「かなしくてたまらなかった」って書いてあるから，まだまだエルフに言いたい

んじゃないかなって思いました。

C　私もエルフと思うんだけど，わけが違って，「ぼく」の犬だし，「ぼくたちは，いっしょに大きくなった」「まい日いっしょにあそんだ」って書いてあるから，「これからも一緒だよ。ずうっと，ずっと，大好きだよ」ってエルフに言ったと思います。

C　ぼくもエルフだと思います。○○さんが言っていた「エルフがいなくなる前よりも，もっと『ずっと』大すきだよってエルフに言いたくなった」がよく分かったからです。

C　なんか分かる気がする。私もそんなこと（経験）があったのを思い出しました。

C　ぼくは，ちょっと違うんだけど，エルフに言っててほしいと思います。わけは，他の動物を飼って「ぼく」がエルフを忘れたらエルフがかわいそうだからです。

C　迷っているけど，エルフのような気がします。だって，「ずっと」が前より多いから，その分「大好きだよ」って気持ちをエルフに届けたいと「ぼく」が思っているはず。

誰に言っているかについて話し合うことで，読みを深めていった。

❸ **まとめ**

> **指 示** 「ひみつ点数」を書きましょう。

話し合ったことを踏まえて，この部分（結末）の「ひみつ点数」を交流した。ノートには以下のような記述が見られた。

・前も5だったけど，今も5です。わけは，話し合いで「いなくなる前よりも，もっと『ずっと』大すきだよ，とエルフに言いたくなったから。」という○○さんの話を聞いて，そういうことなんだなと思ったからです。いろいろな「ひみつ」があって素敵なお話だなと思いました。

・4から5になりました。エルフに言っているのか，他の動物に言っているのか，まだ迷っているけど，とても「ひみつ」だと思うからです。

・2から5です。○○さんの「とても悲しいけど，もっと言いたくなった」という話を聞いて分かったからです。自分も似たようなことがあったから，よく分かりました。

・ぼくは，2から4に上げました。よく分からなかったけれど，友達と話すとまだまだ「ひみつ」がありそうと思ったからです。

自分なりの読みが見出せていなくても「ひみつ」点数が上がっていた。話し合いの中で，友達の様々な読みに触れ，この物語で大切なことかどうかを考えること（「大切なところ」を見極めること：批評読み）ができたのではないかと考える。

そして，最後に，なぜこの部分の「ひみつ点数」が高かったのかについて話し合った。その中で出た「このお話の最後のところだから」「最後は大切だから」という発言を受けて，「お話の結末を読む」ことの大切さを確認した。

（五十部大暁）

好きな登場人物は？

> 実践の
> ポイント　登場人物のユニークさを捉える読みの手立てを工夫する

1 教材の特性

　登場人物は「がまくん」「かえるくん」「かたつむりくん」の3人で，それぞれの登場人物はまじめであるにもかかわらず，文体の効果もあって，読者は一読後，心和む面白さとやさしさを体験する。登場人物の言動には，面白さとやさしさが重なって描かれている。

　かたつむりくんはかえるくんから託されたお手紙をがまくんに届ける役割をしている。しかし，「すぐやるぜ」といいながら4日も経っている。かえるくんは，自分で持っていった方が早いにもかかわらず，知り合いのかたつむりくんに頼んでいる。お手紙が郵便受けに入れられ，それをがまくんが手に取るという仕組みを大切にしているかえるくんの心情が読み取れる。これらを話題に読みを交流することを通して，文学体験を豊かなものにすることができる。

2 「批評読み」を促す学習課題

> 学習
> 課題　好きな登場人物は？

▶課題設定のポイント

　本学習課題を中心軸に単元を構成することで，子どもたちはそれぞれの登場人物の好きなところに着目して読むだろう。地の文や会話文を根拠とし，人物像を捉える読み方を展開する中で，子どもたちは次第に，登場人物の好きなところから，その人物の役割に目を向けていく。

▶「批評読み」へ向かう学習過程の工夫

　子どもたちが，かたつむりくんのユニークさを言語化する姿を批評読みと捉えている。そこで，本教材では，人物像を捉える読み方を経験し，表現を通して学べるようプレゼンテーションを言語活動として位置づける。それぞれの登場人物の言動に着目するとともに，場面と場面の比較から状況の変化，変容を捉える読みを展開する。「お手紙」を通したコミュニケーションの物語として，かたつむりくんのユニークさに着目した読みを展開する。

3 単元の学習プランと主な発問

時	主な発問と学習活動	指導のポイント
1・2	●何日間のお話？　場所はどこ？　登場人物は誰がいますか？ ●あらすじは一文でどのようにまとめることができますか？ ・全文を読み，「お手紙」を10の観点で読む。	・物語の設定やあらすじをまとめることを通して，お話全体を捉えるようにする。
3・4	●好きな登場人物は誰ですか？ ・好きな登場人物は誰だろうを話題として話し合い，登場人物の好きなところをまとめる。	・会話文，行動描写を根拠として，3人の登場人物の人物像が浮かび上がるように「好きな登場人物は？」の問いを設定する。
5・6	●登場人物の好きなところはどこですか？ ・がまくんの好きなところをプレゼンテーションする。 ・かえるくんの好きなところをプレゼンテーションする。	・登場人物の好きなところを友だちに伝えるため，グループによるプレゼンテーションを取り入れる。
7	●かたつむりくんはお願いを引き受けたことを後悔しているかな？ ●4日もかかったんだから，自分が行くか，もっと早く届けてくれる人に頼むのが正解だったんじゃないかな？ ・かたつむりくんの好きなところをプレゼンテーションし，「かたつむりくんは面白い？」について話し合う。	・かたつむりくんのユニークさ，自分で持っていった方が早いにもかかわらず，かたつむりくんに頼んでいるかえるくんの心情を考えることを通して，かたつむりくんの役割を捉える。
8	●手紙が届くまでの4日，がまくんとかえるくんはどんなお話をしたかな？ ・「手紙が届くまでの間，がまくんとかえるくんにとって，どんな4日だったのだろう？」について話し合い，セリフづくりをする。	・お手紙が届くまでの間にがまくんとかえるくんがどんなお話をしたか，セリフづくりを通して，手紙を待つことがうれしさに変化したがまくんの心情，かえるくんの手紙への期待が表現できるようにする。
9	●好きな登場人物は誰ですか？ ・司書教諭によるブックトークを聞き，読書を通して，好きな登場人物を見つける。	・ユニークな登場人物を中心に選書した物語作品について，司書教諭のブックトークを聞く。
10・11	●登場人物の好きなところをまとめると？ ・本を読み，好きな登場人物について人物カードを作る。	・紹介された物語作品から，行動描写や会話文を根拠に，好きな登場人物について，人物カードをまとめる。
12	●好きな登場人物をプレゼンしよう！ ・読んだ本の好きな登場人物について，プレゼンテーションする。	・選んだ物語作品の登場人物の好きなところをプレゼンし，感想を交流する。

4 本時の授業展開① (第3時／全12時間)

【本時のねらいと位置づけ】

　「好きな登場人物は誰ですか？」を糸口に話し合うことを通して，会話文や行動描写を根拠として，登場人物の好きなところをまとめることができるようにする。

❶導入

> 発問　好きな登場人物は？

　それぞれの登場人物が，子どもたちにとっては親しみやすい人物像であるという教材の特性を踏まえ，「好きな登場人物は誰ですか？」という問いを設定する。次のようなやりとりが展開された。

- C　かえるくんで，なぜかというと，がまくんが悲しんでいるときに，かえるくんは一緒になって玄関の前でお手紙が来るのを待っているのが優しいなと思った。
- C　そうそう！
- T　Aさんの気持ち，分かるって人いますね。
- C　Aさんが言ったところもそうだけど，かえるくんが，がまくんのことを思ってお手紙を書いたことが，やっぱり一番優しいなと思ったし，ぼくは好きだなと思った。
- T　なるほど。がまくんやかたつむりくんを好きな登場人物に選んでいる人はいますか？
- C　ぼくはかたつむりくんで，かえるくんからのお願いを「すぐやるぜ」と言って引き受けてくれたことが，いいなと思ったし，親切だなと思った。
- C　そうそう。4日もかかったけどね。
- C　「まかせてくれよ」と言って，かえるくんの手紙を一生懸命に4日もかけて，文句も言わずに届けてくれたことが，かたつむりくん，いいなと思った。
- C　私はがまくんで，さっきまでお手紙を待つ時間が1日のうちの悲しいときなんだと言っていたのに，かえるくんがお手紙を書いてもどってきたら，「もうまっているの，あきあきしたよ」といってベッドで昼寝をしていたところが面白いなと思いました。

　子どもたちは，自分の考えを基に，話し合うことを通して，3人の登場人物の人物像を浮かび上がらせている。

❷展開

> 発問　自分と似ているところがある登場人物はいますか？

　それぞれの登場人物と，読者としての自分との比較を促すことを通して，登場人物により親しみやすさを感じることができるようにしている。この発問によって，次のようなやりとりが

展開された。

C　私はぜったいに，がまくん。あきらめてすぐ昼寝するところなんか，そっくりだと思う。

C　私も，がまくん。

C　ぼくはかたつむりくんかな。「すぐやるぜ」って言っておいて，けっこう時間がかかってしまうから。

C　Bくんは，かえるくんタイプなんじゃない？

T　どういうこと？

C　だって，友だちが困っているときなんか，すぐ手伝ってくれたり，自分からやってくれたりしているから。

C　あー，たしかに。そうだね。

それぞれの登場人物に対するイメージが広がりを見せたところで，次のように発問した。

発　問　登場人物の好きなところはどこだろう？

好きなところについて，「どこか」と問うことで，会話文や行動描写を根拠として，登場人物の好きなところをまとめることができるようにしている。

ここでは，同じ好きな登場人物を選んだ子ども同士でグループを作り，本文の根拠を明確にしながらまとめることができるようにしている。

登場人物の好きなところのまとめ方として，以下のように指導した。

---

①登場人物の好きな会話文や行動描写を抜き出す

②抜き出した箇所から分かる登場人物の人物像をまとめる

子どもたちはそれぞれの登場人物について，以下の箇所を引用していた。

• **がまくん**…………「もうまっているの，あきあきしたよ」「きみが」「ああ」

• **かえるくん**………「ふたりとも，かなしい気分で，げんかんの前にこしを下ろしていました」

　　　　　　　　　「おねがいだけど，このお手紙を…入れてきてくれないかい」

　　　　　　　　　「だって，ぼくが，きみにお手紙出したんだもの」

• **かたつむりくん**…「まかせてくれよ」「すぐやるぜ」

❸まとめ

指　示　登場人物の好きなところをまとめよう！

プレゼンテーションを言語活動として位置づけ，それぞれの登場人物の会話文や行動描写に着目することができるようにしている。また，場面と場面の比較から状況の変化，変容を捉える読みを展開することができるようにした。

5 本時の授業展開② (第7時／全12時間)

【本時のねらいと位置づけ】

「かたつむりくんは面白い？」を糸口に話し合うことを通して，周辺人物かたつむりくんの人物像に着目し，面白さや役割を意味づけることができるようにする。

前時までに子どもたちは好きな登場人物について会話文や行動描写を基に，好きなところをまとめ，プレゼンテーションしている。

❶導入

かたつむりくんの会話文「まかせてくれよ」「すぐやるぜ」をどのように音読したり，動作化したりするかについて話し合うことを通して，発問で問題化するようにした。

> ## 発問 かたつむりくんは面白い？

「かたつむりくんは，どんなことを考えながらがまくんのもとへ行ったんだろう？」「手紙を渡したときのかたつむりくんって，どんな顔だったのかな？」について話し合うことを通して，かたつむりくんはどんな思いでお手紙を届けようとしたのか，手紙を渡したときのかたつむりくんの心情を想像する。学習活動の具体として，道中や手紙を渡すときのかたつむりくんはどんな表情をしていたのか，顔を描いたり，動作化したりする。

❷展開

> ## 発問 かたつむりくんはお願いを引き受けたことを後悔しているかな？

場面の比較を促し，がまくんとかえるくんの心情に思いを巡らすことができるようにした。

C してない！

T どうしてそう考えたの？

C かたつむりくんは足が遅いから4日もかかっているけど，後悔していたら10日くらいかかったと思う。それから，かえるくんにお願いされたときにも断ったと思う。

C 後悔はしていないと思う。さっき言っていたみたいに，「喜んでくれるかな？」と思いながら届けていたと思うから，達成感があると思う。

C 確かに時間もかかって遅くなっちゃったけど，さっき言ってくれていたように，がまくんも喜んでくれたし，最後まであきらめないようで頑張ったって自分でも分かっているから後悔しないと思う。

T なるほどね。かたつむりくんはさ，届けるのに4日もかかったんだよね。

> ## 発問
> (子どもの発言) かえるくんは，自分でもっていけばよかったんじゃない？

ここで注目すべきは，教師の想定していた発問を，子どもが問いとして発したことである。かたつむりの役割を意味づけることを意図した本時のゆさぶり発問に関連したものであった。

C　かえるくんは，自分で行くのが恥ずかしかったのかも。

C　私たちが郵便物出しても，その日には届かないようにすぐに届くものじゃないし，かえるくんは恥ずかしかったと思うし，他にお願いできる友だちがいなかったんだと思う。かたつむりくんは遅いけど，かえるくんはそれでもがまくんに届くならいいやって思って渡したんだと思う。

T　かえるくんがかたつむりくんに渡したのは，恥ずかしかったからだろうか。

C　違う。自分で郵便ポストに入れたら，「何しているの？」って秘密がすぐばれちゃうかもしれないから。

T　いま，「秘密」って言ってくれたけど，「秘密」ってどういうこと？

C　がまくんがまだ一度もお手紙をもらっていないと聞いて，お手紙を書いてあげたこと。

C　サプライズってこと？

C　そうそう！

C　お手紙をもらったことのないがまくんにお手紙をあげるというサプライズ。

C　お誕生日とかに内緒で友だちの家にいって，お誕生日の人に「おめでとう！」って言って，驚かせて喜んでもらうこと。

T　かたつむりくんはサプライズ役ってこと？

C　サプライズっていうのはドッキリみたいな部分もあるけど，この物語だとかたつむりくんはただお手紙を運んでいるだけ。がまくんがサプライズされる人で，かえるくんがサプライズする人なのかな。だから，かえるくんがサプライズするために，かたつむりくんに協力してもらったということだと思う。かえるくんも，かたつむりくんが来るまで，ちゃんと来るかなってどきどきしていて，かたつむりくんもちゃんと届けなきゃって頑張っていたと思う。

❸まとめ

> **発問　ドヤ顔やサプライズ役のかたつむりくんは好きですか？**

　本時のまとめとして，ノートに自分の考えを書くようにした。子どものノートには，「かたつむりくんは『がまくんにはじめての手紙をおくる』というかえるくんの計画にきょう力した人ぶつ」など，役割に着目したまとめが書かれていた。

（白坂洋一）

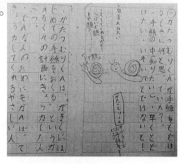

3_年 | 「モチモチの木」（光村図書）

豆太の人物紹介を書こう

> 実践の
> ポイント 「語り手」と語ることで物語を読む

1 教材の特性

　この教材の一番の特徴はなんといっても「語り手」という存在である。書かれていることがすべてと信じて読み進める子どもたちは，「語り手」が語る「臆病豆太」という豆太像を疑うことなく受け入れる。しかし，本当に豆太は臆病なのだろうか。5歳の子どもが夜に一人でせっちん（トイレ）に行くことができないのは不思議なことではなく，臆病ということにはならない。「語り手」の巧みな語りによって，読者は「語り手」が創った人物像を見てしまうのだ。そこで姿の見えない「語り手」という人物の存在を知って物語を読むとどうだろう。語られている部分は事実なのか，それとも「語り手」の感情なのか，自分で判断しながら読みたくなるのではないだろうか。

2 「批評読み」を促す学習課題

> 学習
> 課題 豆太はどんな子どもなのだろうか～豆太の紹介文を書こう～

▶課題設定のポイント

　初読の時点で捉えている「臆病豆太」という人物像が，実は「語り手」の語りによって思い込まされていたことを自覚することがポイントである。「臆病」と思い込んでいた人物像が，実は「語り手」の仕掛けであると気づいたときに「では，豆太はどんな子どもなのだろう」と問うことで，子どもたちは自分の読みで豆太の人物像を捉えようとしていくことだろう。

▶「批評読み」へ向かう学習過程の工夫

　書かれている内容を吟味し，自分の考えで判断していくことが大切である。そのためには，「語り手」の視点で物語を読み，「語り手」が見た出来事を「語り手」の気持ちを通さずに自分で感じて考えることが必要になる。創られた表面的な豆太だけを見るのではなく，自分で感じたことを考えながら内面的な豆太に目を向ける，そんな授業を仕組むことができるであろう。

3 単元の学習プランと主な発問

時	主な発問と学習活動	指導のポイント
1	●お話の中で一番大事だと思う場面はどこでしょう？ ・一番大事だと思う場面について交流し，物語の大体と中心人物について捉える。 ・昔の用語や言葉の意味について確認する。	・物語全体の流れや登場人物などを確認するために，選んだ場面の理由について交流する。
2	●豆太は臆病な子どもなのですか？ ・臆病か臆病でないか叙述を基に話し合う。 ●臆病だと言っているのはだれですか？ ・「語り手」の存在と語りの役割を知る。 ・学習課題をつくる。	・豆太についての捉えのずれや，せっちんに行けないことは臆病なのかという問い返しで自分の考えに疑問をもった段階で発問する。
3	●じさまは豆太のことをどう思っているのでしょうか？ ・豆太に対する気持ちが分かる叙述を見つける。 ●「語り手」は，じさまのどのような様子から判断して語っているのでしょうか？ ・豆太のためにじさまがした行動から，じさまの豆太に対する思いについて考える。	・行動と気持ちを関連づけて読むことができるように，「語り手」の視点でじさまを見られるようにする。
4	●豆太は何がだめなのですか？ ・昼と夜の豆太の違いから，豆太が怖いものを確認する。 ●豆太は自分のことをどう思っているのでしょうか？ ・見たいのにあきらめるのはなぜか話し合うことで，豆太が自分のことをどう思っているのか考える。	・豆太が自分をどう思っているのか考えるために，豆太にとって昼と夜にどれだけ違いがあるのか確認する。
5	●豆太が見たかった灯と，今晩見た灯は同じ勇気でしょうか？ ・泣き泣き走ったわけを確認し，夜に一人でモチモチの木を見ることと，夜に医者様を一人で呼びに行くことの違いを話し合う。 ●じさまの言う勇気とはどんなものなのでしょうか？ ・じさまの言う勇気について考える。	・行動につながる気持ちに気づくことができるように，夜にモチモチの木を見に行くことと医者様を呼びに行くことの目的の違いについて考えを交流する。
6	●最後の語りは必要ですか？ ・最後の語りの必要性を話し合う。 ●「語り手」は何を伝えたかったのでしょうか？ ・語りによって何を伝えたかったのかを考える。	・豆太の内面の変容に気づくことができるように，始めと終わりの豆太は同じなのか考える。
7	●お話を初めて読む人に豆太を紹介するならどのような紹介をしますか？ ・豆太について学習を振り返る。 ・自分の考える豆太の人物像を書いて交流する。	・学習の振り返りを全体で共有してから，自分の捉えた豆太の紹介を書くようにする。

4 本時の授業展開① (第2時／全7時間)

【本時のねらいと位置づけ】

　子どもたちは豆太の人物像として「語り手」が語っているから「豆太は臆病な子ども」，モチモチの木に灯がついたのを見たから「豆太は勇気がある子ども」と捉えている。本当に臆病なのか疑問を投げかけ，叙述を基に話し合うことを通して，「語り手」の存在と役割を知り，本当の豆太はどんな子どもなのか，叙述を新たな視点で捉えることができるようにする。本時は単元を通して考えていく学習課題の設定を行う時間である。

❶導入

> **発 問　豆太を一言で紹介するならどんな子どもですか？**

　「臆病」と「勇気がある」という反対の豆太像が出ることを想定して行っている。最初と最後の挿絵はどちらも臆病を連想させるものから臆病な豆太を印象付けてから揺さぶりをかけ，自分の読みでよいのかと疑問を引き出すことをねらっていたが，子どもの反応から挿絵の提示は行わなかった。

　C　臆病な子ども。

　C　勇気がある子ども。

　C　でも，最後にじさまをしょんべんにって書いてあるから，勇気があるのは違うんじゃない？

　T　じゃあ，豆太は臆病でいい？

　C　いや，始めは臆病だけど，医者様を呼びに行って勇気を出したけどまた臆病に戻った。

　C　中心人物は変わるけど，でもまた臆病になってるから…。えっ，変わらない？

　C　いや，それはない。ちょっと臆病じゃなくなった。

　T　最後が臆病だと思うのはなぜ？

　C　じさまをしょんべんに起こしてるから。

　T　しょんべんに一人で行けないのが臆病っていうこと？

　C　う～ん，それはちょっと違うような。

❷展開

> **発 問　豆太は臆病な子どもなのでしょうか？**

　豆太は臆病な子どもかどうか，縦軸のスケールを使うことによって自分の立場を明確にする。スケールは，臆病から臆病ではないまでの振れ幅があるので，根拠を基に自分の考えを持ちやすい。意見を聞いて移動させることもできるので，子どもの思考が見えやすい。

C　教科書の始めに大きく「おくびょう豆太」と書いてあるから，豆太は臆病だと思います。

C　モチモチの木に灯がつくのを見たから勇気があるんじゃない？　勇気のあるたった一人の子どもしか見れないって書いてあるし，豆太が見たんだから臆病じゃないと思います。

C　一人でしょんべんに行けないけど，夜中に一人で医者様を呼びに行けたから両方ある。

C　でも，5歳だから一人でしょんべんは無理なんじゃない？　おれも夜はまだ行けんし。それに，モチモチの木は勇気がある子しか見れないって書いてあって，豆太は見たじゃん。

C　でもさ，その時泣き泣き走っているってことは臆病もあると思います。

発　問　豆太を臆病だと言っているのはだれなのですか？

ある程度子どもたちから根拠を出させてから視点を「語り手」に向けていく。

C　じさま。どうして豆太だけこんなに臆病って言ってるからじさま。

T　豆太だけって他の子は臆病じゃないの？

C　いや，お父とじさまが臆病じゃないのに豆太だけってこと。

T　他の子と比べたわけではないのね。お父やじさまは臆病じゃなかったらどんな人なの？

C　お父は熊と組討したほどのきもすけで，じさまは青じしを追っかけて肝を冷やすような岩から岩への飛び移りをやってのけるから絶対臆病じゃない。

T　お父もじさまも5歳の豆太と比べているんだからすごい5歳だったんだね。

C　そっか。お父やじさまはすごいけど，大人だから豆太ができなくても不思議じゃない。

C　じゃあ，じさまが豆太を臆病って言うのはおかしいんじゃないん？

C　豆太？　でも自分の事を豆太ほどって言わんか。

C　モチモチの木は？　昼はいばって夜になるとだめってあって臆病と思ったんじゃない？

C　モチモチの木は登場人物じゃないし。しゃべらんもん。だからお父が天国から見てる？

T　確かに見てる。でもお父じゃないんだ。もう一人豆太のことをよく見てる人いない？

C　書いた人。作者。斎藤隆介さん。

T　このお話には，見えない人物がもう一人。「語り手」という人で，この「語り手」は豆太のことを臆病と思っているだけ。本当の豆太はどんな子か，みんなで考えていこうね。

❸まとめ

指　示　「語り手」の存在を知った今日の振り返りを書きましょう。

「語り手」の存在と「語り手」の役割を示し，「語り手」から見た豆太像を全体でまとめ，確認する。その後本時の学習を振り返る。

C　うっかり「語り手」に騙されるとこだった。豆太は本当は臆病じゃないかもしれない。

C　「語り手」という目に見えない人物がいたとは驚いた。

5　本時の授業展開② (第6時／全7時間)

【本時のねらいと位置づけ】

　「じさまを助けるために勇気を出せた豆太」で物語が終わると，目に見える形で変容を捉え，めでたしめでたしとなるのに，再度臆病と思わせる語りで物語を終えることの違和感が残る。本時はこの違和感である最後の語りが必要かどうか話し合うことで，行動の変化ではなく内面の変化に目を向けて豆太の人物像につなげていく。

❶導入

> **発問　最後の語りは必要ですか?**

　「見たいと思っていた勇気の証拠であるモチモチの木に灯がついたのを豆太は見ることができた」と物語は終わっても成立する。しかし最後にまた臆病だと印象付ける語りがある。「この語りは必要か?」と発問することを想定していたが，開始後すぐに子どもの方から指摘があり，なくてもよいという考えが強かったため，子どもの思考のまま展開へつないだ。

　C　モチモチの木ってもう終わったんじゃない。まだ何かある?

　T　どうしてそう思ったの?

　C　「語り手」やじさまが豆太をどう思っているか分かったし，豆太はじさまを助けるために勇気出して，モチモチの木に灯がついたのを見て，じさまが言った勇気も考えたから。

　C　えっ。まだ終わってないじゃん。最後「語り手」がまた豆太が臆病になったって言ってる。

　C　いやそれは臆病に戻ったんじゃなくて，しょんべんに起こしたっていうだけで。

　T　最後の語りはいらないと思うの?

　C　はい。別になくてもいい気がします。

　T　みんなはK君の考えどう思う?

　C　確かに。別になくてもじさまがほめて終わってもいい。

❷展開

> **発問　「語り手」が最後の語りで伝えたかったことは何だろう?**

　最後の語りがなくても成立するのに物語には最後の語りがあるという，物語と子どもたちの捉えのずれが生じてから，この語りで伝えたいことを問う。伝えたいことを考えることで，表面的な変化ではなく，内面的な変化に目を向けることができるので，最後の語りがある意味につなげていくことができる。

　C　二人の様子を知らせるために「語り手」が語ったと思います。

C　似ていて，ずっと勇気がある子になったのかどうか伝えるため。

C　豆太がずっと臆病だったと伝えたかったと思います。

C　「語り手」が豆太はずっとかわいいままでいてほしくて，だからじさまをしょんべんに起こしたことを伝えたいと思った。

C　豆太は，じさまが元気になってうれしくて甘えているのを「語り手」が伝えている。

T　最初にしょんべんに起こしているのとは違うということ？

C　豆太は最初は怖くて一人でせっちんにいけなくて，だから臆病で，勇気が出せてもじさまが元気になるとまたせっちんに一人で行けないのは最初の豆太と同じで，豆太はずっと同じ。

C　変わったよ。一人で医者様を呼びに行ったし。だからせっちんに行けないのが変わってないだけで，変わったんよ。

T　豆太は何が変わったの？

C　いつもは臆病だけど，いざという時には勇気が出せるところ。

C　あっ。豆太は，勇気が出せると分からせるために最後に語った。

T　せっちんに行けないという行動は変わっていないけど，勇気が出せるところが変わっているのね。その勇気は昨日みんなで考えた勇気だね。

C　医者様を呼びに行く方。

C　じさまを助けたいっていう気持ちがある勇気。

T　変わらないものと変わったものは何？

C　しょんべんに起こす行動は変わらないけど，勇気が出せる気持ちが変わった。

T　最後に語りがあることによって，行動は変わらないけど，豆太の心は変わったということが伝わるね。

❸まとめ

> **指　示**　最後の語りについて，自分の考えをまとめましょう。

　本時の学びの全体で確認し，振り返りを行う。最後の語りについて自分の考えをまとめることを意図していたが，学習しての気づきや豆太の変容に目を向けた振り返りが多かった。

C　最後の語りはいらないと思っていたけど，豆太が行動は変わってないけど勇気を出す気持ちが変わったことを伝えるためには必要なんだと分かりました。

C　語りがある方が，豆太のことがよく分かるようになりました。

C　「語り手」は，いろんなことを考えながら語っていることが分かりました。

C　豆太は心が変わって，行動が変わらなくても，心が変わればいいなと思いました。

C　「語り手」は，ずっと豆太のことを臆病だと思っていると思っていたけど，豆太は勇気が出せる心になったことに気づいたと思います。

（川村真理恵）

「物語の重要な文ランキング」を作ろう

> **実践の
> ポイント** 　子どもたちが選んだ「大切な文」にはどのような価値や意味があるのか
> を追求する

1　教材の特性

　同じ「ひとりぼっち」という境遇にあるごんと兵十。対話の関係が絶たれている者同士が互いに撃ち撃たれるという形でしか理解し合えなかった悲しみが主題であると考える。6場面の途中から視点がごんから兵十へと転換しており，それによってごんだけでなく兵十の悲劇でもあることを強調している。また，冒頭の一文からは，結末の兵十がごんとの出来事を語り伝えたと読むことができ，ここから兵十の物語が始まったことを示している。そして，現在の私たちに語り継がれ，ごんの「ひとりぼっち」が解消したという物語の構造になっている。

2　「批評読み」を促す学習課題

> **学習
> 課題** 　どの文がどれだけ大切？

▶課題設定のポイント

　物語の中には，結末やテーマにつながる重要な文やキーワードが散りばめられている。物語にとってその一文がどのようなはたらきをしているのか，どのような意味を持つのかを考え評価させる。物語の中で，どの文に着目して読めば物語を味わい深く読むことができるのか，どの言葉を意味づけすれば見えなかったことが見えてくるのか。児童がこの経験を繰り返しながら物語を読むことで「批評読み」の力につながると考える。

▶「批評読み」へ向かう学習過程の工夫

　まず，児童の反応からこの物語で「大切な文」や「鍵になるもの」を考えさせる。そして，「その文はどれだけ大切か？　それはなぜか？」を学習課題にして，ごんや兵十の心情や関係の変化を読む。その際，物語にとってその文がどのような意味を持つのかを考えさせ「ランキング」を決め，物語には読み深めていく上で重要なポイントとなる文やキーワードがあることを実感させていきたい。

3 単元の学習プランと主な発問

時	主な発問と学習活動	指導のポイント
1・2	●この物語の中心人物はだれ？ ●この物語を読むために大切な文はどれ？ ・「ごんぎつね」を10の観点で読み，物語の中で大切だと思う文やキーワードを考える。	・物語を読み，「10の観点」で物語の大体を捉える。 ・児童の気づきから，物語の大切な文を選ばせ，学習課題を設定する。
	大切だと思う文やキーワードを手掛かりに物語を読み，テーマを捉える。	
3	●「ごんは，ひとりぼっちの小ぎつねで…住んでいました。」 「二，三日雨がふり続いたその間，…しゃがんでいました。」 どっちの文が大切？ ・設定の大切さを考える。	・児童が選んだ「大切な文」を検討しながら読み進めさせる。 ・物語の設定が重要なことを押さえ，ごんが「ひとりぼっち」という設定の意味を考えさせる。
4	●「ちょっ，あんないたずらをしなけりゃよかった。」 「おれと同じ，ひとりぼっちの兵十か。」 ごんのクライマックスの一文は？ ・ごんの変容を読む。	・クライマックスの一文を検討させることでごんの心情の変化を捉えさせる。
5	●「さっきの話は，きっと，…。」「そうだとも。だから，…。」 この文はどれくらい大切？　どうして大切なの？ ・物語の転換点を読む。	・周辺人物・加助と兵十の会話文の重要性を捉え，物語が結末へと向かう転換点になったことを考えさせる。
6	●「ごん，おまえだったのか，…。」「ごんは，ぐったりと目を…。」「兵十は，火縄じゅうを…。」 6場面で視点が変わっている効果は？ ・視点の転換を読む。	・6場面での視点の転換を押さえ，兵十にとってのクライマックスを検討させることで，視点の転換の効果を考えさせる。 ・この場面を読んだ読者の思いを交流させる。
7	●「青いけむりが，まだつつ口から…。」 「人々が通ったあとには，…。」 この文にはどんな意味があるのかな？ ・結末・伏線を読む。	・結末の一文を意味づけさせる。この文が象徴しているものは何か？ ・「ひがん花」から物語の伏線を押さえる。
8	●「これは，私が小さいときに，…聞いたお話です。」 この文はどれくらい大切？ ・冒頭の一文を読む。	・冒頭の一文から分かることを交流させ，「現在」「過去」「現在」という物語の構造に気づかせ，結末を意味づけさせる。
9・10	●「ごんぎつね」大切な文ランキングを決めよう！ ・「大切な文ランキング」を考える。 ・単元の振り返りをする。	・これまでの学習から，理由づけをしながら「大切な文ランキング」を考え交流させる。

4 本時の授業展開① (第2時／全10時間)

【本時のねらいと位置づけ】

「ごんぎつね」を10の観点で読み，物語の中で大切だと思う文やキーワードを考えることができるようにする。

❶導入

> 発問　物語を読んで気づいたことはある？

C　終わり方が，まだ続きがあるみたい。けむりが何か悲しい。

C　ごんがかわいそう。

C　兵十もかわいそう。

C　彼岸花が気になる。

C　ごんがいたずらをするのはさみしいからだと思う。かまってほしいから。

C　「ひとりぼっち」がキーワード。

C　始まり方もなんか違う。

C　加助が神様って言ったから，ごんは「えっ」と思ったと思う。

❷展開

> 発問　この物語の中心人物は誰？

C　ごんだと思う。題名だし。

C　ごんだと思う。最後に分かってもらったからうれしかったと思う。

C　最後は兵十も変わっとる。ごんがくりをくれたと分かってショックを受けている。

C　視点もごんだと思うからやっぱりごんが中心人物。

C　でも，兵十も最後は後悔してすごく変わっとるから兵十も気になる。

C　ごんと兵十と二人とも中心人物だと思う。

T　このお話の中心人物はごんと兵十と両方でいいの？

C　最後だけごんと兵十と二人とも。

> 発問　みんな，いろいろなことに気づいているけれど，この物語を読んでいくために大切な一文はどれだと思う？

児童が選んだ一文を次に示す（（　）内の数字は選んだ人数）。

○これは，私が小さいときに，…お話です。（2）
○ごんは，ひとりぼっちの…住んでいました。（1）

○二, 三日雨がふり続いた…しゃがんでいました。(1)
○「兵十だな。」とごんは思いました。(1)
○「うわあ, ぬすっとぎつねめ。」(2)
○うなぎは, …まきつきました。(1)
○「ははん, 死んだのは, …引っこめました。(1)
○「兵十のうちのだれが死んだんだろう。」(1)
○墓地には, …さき続いていました。(2)
○人々が通った…ふみ折られていました。(2)
○「ちょっ, あんないたずらをしなけりゃよかった。」(9)
○「おれと同じ, ひとりぼっちの兵十か。」(3)
○ごんは, 物置のそばを…売る声がします。(1)
○「いわしをおくれ。」(1)
○ごんは, そのすき間に, …かけだしました。(1)
○「いったい, だれが, …いったんだろう。」(2)
○ごんは, これはしまったと思いました。(2)
○「かわいそうに…つけられたのか。」(1)
○次の日も, …持ってきてやりました。(2)
○その次の日には, …持っていきました。(1)
○ごんは, 二人の…ついていきました。(2)
○兵十のかげぼうしをふみふみ行きました。(1)
○「さっきの話は, …しわざだぞ。」(15)
○「そうだとも。…言うがいいよ。」(9)
○その明くる日も, …出かけました。((1)
○こないだ, …またいたずらをしに来たな。(1)
○そして, 足音を…ドンとうちました。(4)
○うちの中を見ると, …目につきました。(2)
○「おや。」と兵十は…目を落としました。(2)
○「ごん, おまえだったのか, いつも, くりをくれたのは。」(11)
○ごんは, ぐったりと…うなずきました。(4)
○兵十は, 火縄じゅうをばたりと取り落としました。(5)
○青いけむりが, …出ていました。(10)

発 問 この中でみんなが特に大切だと思う文はどれ？

授業で考えていきたい文を検討させた（児童が選んだのは, 網掛けの文）。

C 「さっきの話は, …しわざだぞ。」この言葉はすごく大切だと思う。ごんの気持ちを変え
　たから。

C どういうこと？ 考えたい。

C 「ごんは, ひとりぼっちの…住んでいました。」この設定はすごく大切だと思う。

C ごんは「ひとりぼっち」だからいたずらをしたと思う。だから, 「おれと同じ, ひとり
　ぼっちの兵十か。」は大切だと思う。

C 最後の「ごん, おまえだったのか, いつも, くりをくれたのは。」は, 兵十がやっとご
　んだったのかと気づいたから大切だと思う。

C 「青いけむりが, まだつつ口から細く出ていました。」という終わり方は, なんかさみし
　くて意味があると思う。

「これらの文がなぜ大切か？ どのくらい大切か？」を中心に授業を進めた。

5 本時の授業展開② (第8時／全10時間)

【本時のねらいと位置づけ】

　冒頭の一文について話し合うことを通して，物語の構造と人物の関係に気づき，文の役割を
まとめることができるようにする。

❶導入

> 発 問　「これは，私が小さいときに，…お話です。」この文は，どれくらい大切？

C　大事！（大事メーター（とても―まあまあ―ぜんぜん）にネームプレートで表す）

❷展開

> 発 問　「ぜんぜん」の人，聞かせてくれる？

C　物語のはじまり方が違うけど，お話と関係あることじゃない。

C　はじめが聞いたようにはじまったら，おわりもそうならないといけない。でも，そうな
　　っていない。だから，はじめもいらない。

C　多分，最初だけそういう設定にしてあるんだと思う。聞いたという設定。

T　反論ある人？

C　「違う人から聞いたお話です。」って書き始めると，この物語の味が出てくる。

T　この文から分かることがあるよ。

C　わたしが茂平から聞いた話。

C　このお話を知ってるのは兵十だけだから，誰かに言わないと伝わらない。

C　兵十が誰かに流して，どんどん話が流されて茂平さんからわたしにつながった。

T　兵十は誰に話したのかな？

C　加助だと思う。神様だと話していたけど違ったよって。ごんは優しいきつねだったと。

C　神様じゃなかった。くりやまつたけをくれていたのはごんだったんだって。

> 発 問　6場面で，兵十はすべてを理解したのかな？

C　兵十が神様だと思っていたことがごんだったということが分かった。

C　ごんの気持ちは少し分かった。でも，何のためにくりをくれていたかは分かってない。

T　何のために？　ごんの気持ちもまだよく分からなかったよね？

C　人に話す前にずっと考えている。兵十はずっと後悔したと思う。

C　ごんが穴の中で考えたように兵十もじっと考えたと思う。「なんでごんはくりやまつた
　　けを毎日毎日持ってきてくれたんだ？」って。

C　ウナギのことを思い出している。もしかしたら，いわしのこともって思ったかもしれん。

C　ごんと本当に分かり合えたのはそういうことかって分かったとき。

T　兵十はごんのことを考えてどんなことをしたと思う？

C　兵十はお墓を作ったかもしれん。ごんはとてもいいやつだとみんなに知らせようとした。

C　考え込んで，みんなにごんのことを知ってもらおうと思った。

C　次は兵十がごんにつぐないをしようとした。

<table>
<tr><td>発 問</td><td>ということは，「青いけむりが～」で終わっているけど，こんなふうに考えていくとどう？</td></tr>
</table>

C　長く続きそう。6場面で終わっていなくて兵十のお話が続いていることが分かる。

C　読者とかに続いていると思う。だから，今のことにつながっている。

C　このお話を広げて，ごんを知ってもらいたいから，今につなげたんだと思う。

T　ここから兵十のお話が始まったけど，このお墓を作ったことが書いてあるほうがいい？

C　ないほうがいい。「青いけむり」で終わるほうが読者がじーんとするし考えたいと思う。

C　「青いけむり」はごんの悲しみや涙って言ってたけど，兵十の後悔が強くなる感じがする。

C　はじめのあの一文の味が薄くなる。

C　書いてなくてもはじめの一文で分かる仕掛けになっている。

T　めあての「この一文はどれくらい大切？」は変わった？　変わらない？（ネームプレートを移動する）

T　冒頭の一文から分かることがいっぱいあるね。

C　ごんのこと。兵十のことも分かる。もっと後に続いていることが分かる。

C　仲間がいっぱいできたよ。読者の「わたしたち」も知っている。

C　ごんが優しいことを知っている人が増えている。ごんはひとりぼっちじゃない。

❸まとめ

児童が書いた「まとめ」を示す。　　　　　　　　　　　　　　　　　　　（大澤八千枝）

　わたしは，はじめはあまりいらないと思っていました。でも，この文から分かることがいろいろありました。それは，兵十からたくさんの人にこのお話が広まって，茂平さんまで伝わって「わたし」にとどいたということです。そして，「わたし」が読者の「わたしたち」に話してもっと広まっています。最後の「青いけむりが，まだつつ口から細く出ていました。」の続きは書いていないけれど，それから兵十がたくさん考えていることが初めの文を最後につなげると分かります。兵十は最後にくりをもってきてくれたのがごんだったということしか分からなかったけど，それから時間をかけて「どうして？」と考えたんだと思います。
　このように，物語は結末に書かれていないけれど，それが分かる一文があるということです。それがこのお話では初めの一文でした。だからわたしは，とても大切な一文だと考えが変わりました。
　この初めの一文は，ごんのことがたくさんの人に伝わりたくさんの人に知られ，ごんにたくさんの仲間ができてもうひとりぼっちではなくなったということが分かります。多分ごんは，天国でとても喜んでわたしたちのことを見ていると思います。

5_年 「大造じいさんとガン」（光村図書）

みんなで作った問いで読もう

> 実践の
> ポイント 挿絵から読みの土台を作り，問いづくりをしながら作品をまるごと読む

1 教材の特性

　本教材は，狩人である「大造じいさん」とガンの頭領「残雪」との知恵比べを通して，残雪に対する大造じいさんの見方が変容する物語である。始めは，残雪のことを「たかが鳥」と下に見ていた大造じいさんが，残雪の頭領としての振る舞いを目の当たりにするうちに，「ガンのえいゆう」「えらぶつ」と対等の存在として認めていく。その過程における大造じいさんの残雪に対する思いや見方，考え方は，情景描写などの叙述によって巧みに表現されている。

　そして，この物語で最も注目すべき点は，狩人である大造じいさんが，残雪を狩らなかったところにある。獣を捕って生計を立てる狩人にもかかわらず，残雪を狩らなかった大造じいさん。そこには，一体どういう心境の変化があったのか，読者が読み深めたくなる物語である。

2 「批評読み」を促す学習課題

> 学習
> 課題 大造じいさんは狩人なのに，なぜ残雪を狩らなかったのだろうか

▶課題設定のポイント

　本単元では，子どもたちの問いづくりで学習課題を決定する。問いを作ると同時に，自分の考えを明確にしていかなければならない。問いづくりをしながら叙述を読み，自分の考えをもった上で，他の人の考えを聞くことで，知り得たことが確かな知識となっていくと考える。

▶「批評読み」へ向かう学習過程の工夫

　本単元では，叙述を読み取る手立てとして「挿絵」を活用する。多くの実践では，導入において，本文の朗読を聞いた後に，あらすじを確認するために挿絵が用いられている。今回は，本文と出合う前に挿絵を鑑賞する。挿絵から分かることや気づいたこと，疑問に思ったことを自由に出し，読みの出発点とする。挿絵から大造じいさんと残雪との距離や体の向きなどの気づきを得ることで，第3時以降の叙述から登場人物の関係の変化を捉えていく視点となるだろう。また，挿絵を手掛かりとすることで，自分の経験や既知の情報と結び付けやすくなり，叙

述とのずれも生まれ，より読みが深まると考える。

3 単元の学習プランと主な発問

時	主な発問と学習活動	指導のポイント
1	●挿絵から見つけたものや気づいたこと，不思議に思ったこととは，何ですか？　どこからそう思いますか？ ・本文を読まずに挿絵を鑑賞し，そこから分かることを出し合い，その根拠を明らかにしながらイメージを作る。	・「どこからそう思う？」と尋ねることで，根拠を明確にしながら，事実から解釈を導き出す。例：「オレンジ色の空」（事実）→「夕方」（解釈）
2	●自分のイメージと，どこが違いましたか？ ●なぜ，自分のイメージと違うのだと思いますか？ ・朗読を聞き，物語の設定を確認して物語の大体を読む。 ・登場人物とその関係を図にまとめる。	・前時で作った自分のイメージと叙述を比べることで生じたずれから，場面の様子を再構築できるようにする。
3	●大造じいさんとガンのことで，もっと知りたいと思うことは何ですか？　それらをもとにして，みんなで考えたい問いを作りましょう。 ・グループで，単元を通してみんなで考えたい問いを作る。	・問いづくりのポイントとして，「答えがすぐに出るもの」や，「叙述に根拠を求められないもの」は，問いから外すように，条件を伝える。
4	●みんなで考えたい問いを，一つ選びましょう。 ・グループで出た問いを，学級全体で話し合い，一つにしぼる。	・出てきた問いの言葉を関連付けながら，整理する。 ・前時と同じく，問いづくりの条件に当てはまるかどうか検討するように確認する。
5	●3つの作戦の内，一番卑怯だと思うやり方はどれですか？ ・3つの作戦から，大造じいさんが卑怯者なのかを考える。 ●大造じいさんのやり方は，本当に卑怯なのでしょうか？ ・叙述から大造じいさんの人物像を読み取る。	・作戦について検討することで，大造じいさんの狩人という立場や，残雪やおとりのガンに対する思いに着眼させ，学習課題にせまれるようにする。
6	●心に強く残った場面は，どこですか？ ・特に印象に残った場面を選び，登場人物の距離や表情，体の向き，語り手の視点，情景描写を反映した色などを意識して，挿絵で表現する。 ●この場面のどこに心が惹きつけられたのですか？ ・なぜ，その場面を選んだのか根拠を挙げる。	・第2時で読み取ったことを振り返ることで，大造じいさんとガンの距離や表情，情景描写を反映した色使いなど，どれか一つでも挿絵に描けるようにする。
7	●自分が描いた挿絵を紹介し合いましょう。 ・自分が描いた挿絵を，理由と共に紹介する。	・電子黒板などで児童の描いた挿絵を映し，どこの叙述をどう表現したのか指し示しながら紹介できるようにする。

4 本時の授業展開① (第4時／全7時間)

【本時のねらいと位置づけ】

　前時で，子どもたちは，グループごとに単元を通して学級全体で考えたい問いをいくつか作り，1つにしぼっている。本時では，各グループから問いを出し合い，どれについてみんなで考えていきたいかを話し合いながら，1つの問いにしぼっていく。大造じいさんの人物像や，残雪やおとりのガンに対する見方・考え方の変化を根拠に挙げながら，問いを1つに決めることが本時のねらいである。

❶導入

> 指　示　各グループで作った問いを発表しましょう。

　最初に，各グループで作った問いを発表した。出てきた問いは，以下の4つである。

　　①逃がしてくれて，残雪はどんな気持ちだったのか。

　　②なぜ，大造じいさんは，「晴れ晴れとした顔つき」で残雪を見守ったのか。

　　③大造じいさんは，いつも卑怯なやり方でガンをやっつけていたのか。

　　④大造じいさんは，狩人なのになぜガンを狩らなかったのか。

　問いを出した後，どの問いについてみんなで考えたいかを話し合った。

❷展開

> 発　問　4つの問いのうち，みんなで考えたい問いはどれですか？

　4つの問いから，みんなで考えたい問いを1つにしぼるための話し合いである。まず，その問いにした理由や，問いの中の気になるところなどを尋ねた。

C　①の「逃がしてくれて」というところが気になりました。今まで，ガンを狩るために，いろんな作戦を考えていたのに，最後に残雪を逃がすのは，確かにおかしい。

C　ぼくは，逃がした残雪を大造じいさんが「晴れ晴れとした顔つき」で見ていたのに違和感がありました。

T　なるほど。何かおかしい感じがするんだね。ちなみに，「晴れ晴れとした顔つき」って，どんな表情か分かる？

C　すっきりした顔。

C　挿絵は，笑っていてうれしそう。明るい感じがする。

T　それに違和感があるということなんだね。

C　今まで，残雪をいまいましく思ってたし，タニシばらまき作戦の時は，「ほおがびりびりするほどひきしまる」と書いてあったし，笑っては見ていない。

C　敵だったのに，「晴れ晴れとした顔つき」で見るのはおかしい。

C　敵だから，普通はにらむと思う。こわい感じになる。

C　確かに。あと，敵なのに見守るのもおかしい。

T　他に，みんながおかしいな，違和感があるなというところはある？

C　③の「いつも卑怯なやり方で」というところ。

T　どうして？

C　「卑怯なやり方」って言ってるけど，タニシのところのわなは，卑怯なんかな？と思って。

T　なるほど。３つの作戦がありましたね。「うなぎつりばり作戦」「タニシばらまき作戦」「おとり作戦」が卑怯なやり方ということになるね。

C　大造じいさんは，狩人だから，ガンや獣を捕って売りよったんよね。だったら，卑怯でも何でもないんじゃない。だって，狩人だし。

C　仕事なんだから，卑怯でも何でもない。

C　結局，ウナギ釣り針でガンを捕ったけど，売ったり食べたりしてないよね。えさをあげて育てている。大造じいさんは，やさしいと思う。

C　傷付いた残雪も，けがが治るまで世話して逃がしたから，やさしい。

C　狩人なんだから，別にやさしくしなくていいと思う。逆に，卑怯じゃないといけん。

C　じゃあ，なんで大造じいさんは，残雪とおとりのガンを育てたんかね。

❸まとめ

指示　話し合ったことをもとにして，問いを１つに決めましょう。

話し合いをもとに，問いを１つに決めた。本単元では，この問いを学習課題として，これから考えていくことになる。

C　ガンを狩るために，今までいろんな作戦を考えてきたのに，それを卑怯とか言って，最後は逃がしたのがよく分からなかった。

C　狩人なのに，捕まえなかったのがおかしい。

C　ハヤブサが出てきたところで何かあった。大造じいさんが変わるきっかけがあった。

T　みんながおかしいなと思っているのは，「大造じいさんのやり方」と「晴れ晴れとした顔つき」と「狩人なのに狩らなかった」という点ですね。①から④の問いで，みんなが考えたいのはどれですか？

※④に一番多く手が挙がり，学習課題に決まった。

話し合いでは，「狩人なのに狩らなかった」という矛盾に，子どもたちが課題を見出した。この時点では，子どもたちは，大造じいさんが「狩人」と「人間」の２つの立場で残雪を見ていることに気づいておらず，次時の話し合いでせまっていくこととなった。

5 本時の授業展開② (第5時／全7時間)

【本時のねらいと位置づけ】

　大造じいさんが実行した3つの作戦や，ハヤブサと残雪との戦いの場面で大造じいさんがとった行動について考えることで，狩人である大造じいさんが，傷付いた残雪を狩らなかった理由にせまることが，本時のねらいである。

❶導入

> **発　問　大造じいさんのやり方で，一番卑怯なのはどれですか？**

　前時の問いを1つにしぼる話し合いで，大造じいさんのやり方が卑怯なのかという意見が出てきた。学習課題に関わる重要な視点なので，本時は，そこを出発点として話し合いをした。

- C　おとり作戦が一番卑怯だと思う。
- C　私も，そう思う。
- C　卑怯度を100%で表すと，1年目と2年目の作戦は，30%で，3年目のは70%。
- C　だんだん，やり方がエスカレートしてる気がする。

❷展開

> **発　問　大造じいさんは，卑怯者なのでしょうか？**

　3つの作戦について検討する中で，大造じいさんと残雪の関係性について考える。児童の発言に対して問い返すことで，子どもたちが読み取った大造じいさんの変化を明確にしていく。

- C　鳥は，空を飛べるけど，大造じいさんは，人間だから飛べない。わなを仕掛けないと，ガンが狩れない。だから，仕方ない。
- C　仕方ないって，何が仕方ないん？
- C　だって，残雪は，空を飛べるから。直接，近寄ったら逃げるからわなを仕掛けた。
- T　じゃあ，卑怯ではないということ？
- C　これは，ぼくの意見だから，他の人は，卑怯と思っているかもしれん。
- C　私も，卑怯じゃないと思う。だって，狩人だもん。
- C　狩人なんだから，やさしくなくていい。
- C　私は，卑怯だと思う。おとりのガンを使ったところが特に。残雪が仲間を思う気持ちを利用してるから。
- C　おとり作戦は，最後の手段だったんじゃないかな。だましうちにせんと，勝てんと思った。
- T　他の作戦は，だましうちじゃないの？　ガンに見えないように，釣り針を付けたのはだ

ましうちじゃない？

C　同じだましうちだけど…。

C　狩りって，ほとんどだましうちじゃない？　魚釣りとか。魚釣りって，えさを釣り針に
　付けて釣るし。

C　ルアーでも釣る。

C　ルアーって，何？

C　にせもののえさ。それでだまして魚を釣る。えさを使っているのと，仲間を使っている
　のとでは違うと思う。

C　えさをもらって，ガンにとっては思わぬごちそうが続いてラッキーだった。銃とえさを
　比べたら，残雪たちにとってはラッキーだったから，そんなに卑怯じゃないと思う。

C　でもさ，この話は，ガン狩りが禁止される前の話だから，銃を使ってもいい訳やん。イ
　ノシシやシカも銃で撃つし。ハヤブサと戦っている時に撃ってたら，だましうちにはなら
　ん。

T　そうよね。ハヤブサと残雪の戦いは，大造じいさんにとって大チャンスよね。でも，銃
　を下ろしたのは，どうしてなんかな？

C　狩人としての気持ちが変わった。狩人でも，撃ちたくないものがある。

C　私は，大造じいさんが銃を下ろしたのは，残雪との戦いがなくなると思ったから。

T　戦いがなくなるって，獲物じゃなくなったってこと？　残雪が頭領になってから，獲物
　が捕れなくなったんだよね。残雪を捕ったら，獲物が捕れるよ？

C　ハヤブサと残雪が戦っているのを見て，自分と残雪は戦ってないと思ったんじゃないか
　な。

C　ぼくは，大造じいさんを卑怯とは思わなかったけど，大造じいさんは，自分を卑怯だと
　思った。

C　○○くんに付け加えて，１対１で戦いたかったから。

C　残雪と戦うのが楽しくなったからと思う。だから，残雪を撃たなかった。

C　そうか。晴れ晴れとした顔つきで，残雪を見守ったのは，また今度，残雪と戦えると思
　ったからじゃないん？　普通だったら，敵なのに晴れ晴れとした顔で見ないと思う。

C　せっかく捕まえたのに，わざわざ逃がすのはおかしい。また来てほしいから，残雪をわ
　ざと逃がしたと思う。

❸まとめ

> 指 示　これまでの話し合いを基に，学習課題に対する自分の考えを書きましょう。

展開部で出た意見を基にして，学習課題に対する自分なりの考えをノートに記入する。

（木原陽子）

「海の命」とは何かについて話し合おう

> 実践の
> ポイント　中心人物の変容を基に，題名の意味を考える

1　教材の特性

　本教材「海の命」は，太一の成長を追った物語で，話の流れ自体は捉えやすい。その一方で太一が瀬の主と対峙する場面では，太一は「泣きそうになりながら」葛藤をするわけだが，太一が何を思って戦わなかったのかということや，海の命とは何かということなどは，どこかぼんやりとしていて分かりにくい。語り手があえて語らないようにしているようにさえ思える。この分かりにくさを子ども間で共有し，問い化することで課題設定を行いたい。

2　「批評読み」を促す学習課題

> 学習
> 課題　「海の命」とは何か？

▶課題設定のポイント

　教材の特性でも述べたが，中心人物太一の成長を追った話の流れ自体はつかみやすいが，太一がクエと戦わなかった場面や海の命が表すものなどの分かりにくさに着目するのがポイントである。1時間目，挿絵も活用しながら話の流れを整理した後，物語を一文（AがBによってCになる話）で表すようにする。それによって，太一の変容を捉えることができる。そこから太一はなぜ変容したのか，なぜ戦わない決断をしたのかなどの疑問が生まれるだろう。その他にも分かりにくいところや疑問点を各自書き出し，2時間目でそれらを共有し，課題設定をしたい。

▶「批評読み」へ向かう学習過程の工夫

　中心人物太一の変容を捉え，変容の原因を探る過程で，海の命はキーワードとなり，それが示しているものを考えることは必然となる。本文中の2つの海の命の相違や意味を考えることと太一の変容を考えることは密接につながっている。それらを基に，題名の海の命とは何を表しているのかを考えたい。

3 単元の学習プランと主な発問

時	主な発問と学習活動	指導のポイント
1	●「海の命」とはどんな物語ですか？ ・物語の大体を捉える。 ・魅力度を交流し，教材の特徴を見出す。 ・疑問点を書き出す。	・物語を一文（AがBによってCになる話）にしたり，挿絵を活用したりしながら話の大体を捉える。
2	●一番の疑問はどれですか？ ・前時に出た疑問点を共有する。 ・学習課題を設定する。	・前時に書き出した疑問を共有し，「太一はなぜ戦わなかったのか」や「海の命とは何か」などの学習課題を生み出す。
3	●父（与吉じいさ）はどんな人物ですか？ ●太一は父（与吉じいさ）からどんな影響を受けましたか？ ・中心人物と登場人物との関わりについて考える。	・登場人物の人物像→太一が受けた影響（こんな人だから，太一はこんな影響を受けた）のように捉えさせたい。
4	●太一が母から影響を受けていたことが分かる一文はどれですか？ ・母の変容を基に，太一が変容していることを読み取る。	・登場人物（母）の変容を読み取ることで，中心人物の変容も読み取ることができる。
5	●「本当の一人前の漁師」と「村一番の漁師」の違いはなんですか？ ・2つの漁師の違いを考えることを通して，大人になった太一の人物像を捉える。	・似ている言葉の意味の違いを考えることで，中心人物の人物像を捉えることができる。
6	●同じものなのに，なぜ呼び方が違うのでしょう？ ●「瀬の主はこの海の命だと思えた。」ではだめですか？ ・呼称表現の変化を基に，太一のものの見方の変容を捉える。	・呼称表現の変化から，中心人物のものの見方の変化を捉えることができる。
7	●文番号86と91の海の命は同じですか？　違いますか？ ・86と91の2つの海の命の相違を考える。 ●題名の海の命はどちらを表していますか？ ・題名の海の命とは何を表しているのかを考える。	・物語中のキーワード（海の命）の意味を考えることで，題名に込められた意味を考えることができる。
8	●友達は「海の命」について，どう考えていますか？ ・「海の命」を題名に詩を創作する。 ・詩を交流し，考えを深める。	・考えを同じ題名の詩に表現し，相違や意味に着目した交流をすることで，考えを深めることができる。

4 本時の授業展開① (第6時／全8時間)

【本時のねらいと位置づけ】

　瀬の主やクエなど，同対象に様々な呼称表現があることに気づく。それらはどう違うのか，なぜ違うのかを考えることを通して，呼称表現の違いから中心人物太一のものの見方の変容を読み取ることができることを学びたい。

❶導入

> ### 発問　これはなんですか？

　教科書の挿絵（クエ：瀬の主）を提示する。同じものだが，子どもによってクエと呼んだり瀬の主と呼んだりする。その違いを基に，子どもたちの中に問いを生み出したい。

- C　クエ！
- C　いや，瀬の主でしょ！　ここに瀬の主って書いてあるし。
- C　でも「クエは動こうとはしない」とかも書いてあるよ。
- C　どっちも正解じゃない？

❷展開

> ### 発問　同じものなのに，なぜ呼び方が違うのでしょう？

- C　たしかに。
- C　瀬の主とクエだけじゃなくて，大魚って呼び方もあるよ。
- C　この魚っていうのもあるよ。この魚っていうと限定してる感じがする。
- C　どういう意味の違いがあるんやろう。
- T　「瀬の主」という言葉のイメージはどうですか？
- C　強そう。ボスみたいな感じ。
- C　魚の王とか魚の長って感じで，そのあたりで一番強そう。
- C　瀬の，主やもんね。
- C　逆にクエって言うと弱そうな感じがする。
- C　そう？　クエって言うと，ただ魚の名前っていうか事実を言っているだけみたいな気がする。「クエは動こうとはしない」っていう事実を述べているだけ。
- C　それと似ている文章で，「もう一度もどってきても，瀬の主は全く動こうとはせずに太一を見ていた。」ってあります。動こうとはしないっていう同じことを言っているのに，名前が違うっていうのは，何か名前によって意味の違いがあるような気がするし，ポイントのような気がします。この違いについてどう思いますか？

C 1回戻ってきて瀬の主だったじゃないですか。すると，クエはおだやかな目をしてて，その後は大魚になっていますよね。それでこんな感情になったのは初めてってなって，迷うわけです。大魚になって殺すのを迷ったんだから，大魚は殺さないとかそういうときに使われているのかなとぼくは思います。

C たしかに瀬の主を殺すのを泣きそうになるほど迷ってます。ん〜…。

C 「太一は瀬の主を殺さないで済んだのだ。」とあって，太一が殺さなくてよかったと考えているのが分かります。

発問 「瀬の主はこの海の命だと思えた。」ではだめですか？

それまでに瀬の主とクエ（大魚）の呼称表現の意味の違いについて考えている。この発問をすることで，瀬の主と大魚を入れ替えるとどう意味が変わるかを考えさせたい。また，呼称表現の意味やその変化から中心人物のものの見方・考え方の変容を読み取ることができることに気づかせたい。

C だめだと思います。さっき○○くんが言っていたように，中心人物は太一で，太一が瀬の主をどう思っているかがポイントだと思います。瀬の主っていうと強そうで，太一からすると戦いたい存在です。大魚っていうと，戦わない存在のイメージです。

C 「瀬の主はこの海の命だと思えた。」だと戦いたい存在のはずの瀬の主が海の命っていうのはおかしいと思います。

C 6場面には「巨大なクエ」という言葉があります。太一がまだ戦いたいって思ってたら，ここは瀬の主って入ると思います。太一が殺さないとか殺しちゃかわいそうとか思っているから瀬の主じゃない呼び方をしているんだと思います。

C だから瀬の主って呼んでいるときは，太一が戦いたいと思っているとき。クエ，大魚，巨大なクエって呼んでいるときは戦う対象として見ていないときだと思います。

T 呼び方が変わっていることから，何が分かりますか？

C 太一がどう思っているかが分かります。

C 中心人物太一のものの見方が変わったことが分かるんじゃないかと思います。

❸まとめ

指示 本時の振り返りを書きましょう。

C 呼び方が変わることで，中心人物がどのように考えているのかが分かる。

C 呼び方が変わることで，太一の変容が分かった。でも，まだ海の命とは何かが分かっていないから知りたい。

C 呼び方ひとつで，中心人物の見方が分かることに驚いた。今度から名前の呼び方にも注目して読んでみたい。

5 本時の授業展開② (第7時／全8時間)

【本時のねらいと位置づけ】

　文番号86と91の海の命の相違を考えたり，題名の海の命とは何を表しているのかを考えたりすることを通じて，象徴的表現や題名に込められた意味などについて考えることができる。

❶導入

> **発 問　86と91の海の命は同じですか？　違いますか？**

　交流がしやすいよう，文番号（句点「。」をもとに割り振った数。「海の命」は92まである。）をふっている。86「大魚はこの海の命だと思えた。」と91「千びきに一ぴきしかとらないのだから，海の命は全く変わらない。」の２つの海の命の相違を考えることを皮切りに，海の命とは何かについて考えていく。子どもたちは考えを図解して説明をしながら，交流をした。

C　この２つの海の命は違うと思います。86の海の命は，そこにいる一匹のクエのことで，91の海の命は海全体の海の命を表していると思います。

C　○○さんの考えに賛成です。86は一匹だけなんです。91の千びきに一ぴきというのは与吉じいさの教えで，無駄な殺しをしないということでしたよね。無駄な殺しをしないのだから，海全体の命は全く変わらないということじゃないですか？

C　ぼくも同じ考えです。（自分の描いた図：右下写真を提示しながら）みなさん，目をつぶってください。目をあけてください。今，この図の点の１つを消したんですが，どれが消えたか分かりますか？　分からないですよね？　無駄な殺しをして，とりすぎてしまうと分かると思うけど，千びきに一ぴきだから海の命は変わらないということはこういうことなんじゃないですか？

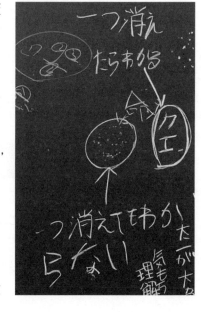

C　ん〜，○○くんの言っていることは分かるんだけど，ちょっと違うと思います。私も最初は違うと思ったんだけど，大魚は大魚で一匹の魚です。91の海の命っていうのは，海全体の命というのも分かります。ということは，86の大魚も91の海の命の一部だからある意味同じなんじゃないですか？

C　私もそう思ってて，86の海の命は具体。91の海の命は抽象のように思います。91の中に86があると思っています。

C　そう。前の時間にもやったけど，瀬の主っていうと太

ーとしては戦いたい存在を表す言葉で，大魚っていうと１つの大きな魚を表す言葉って感じ。

C　もっというと，86の海の命は殺さなくていい命を表している言葉みたいな感じ。

T　そういうのなんて言うんだったっけ？

C　象徴！

❷展開

> **発問　題名の海の命はどっちを表していますか？**

本文中の86と91の海の命の相違と意味について考えた。題名の海の命はどちらを表しているかを問うことで，物語の一部分ではなく，全体を俯瞰して読み，題名の意味を考えられるようにしたい。

C　91の海の命は海のすべての命だと思います。このクエだけじゃなくて，小魚とかもすべてひっくるめていると思います。

C　なんかちょっとひっかかっているところがあって，海のすべての命ということにはおとうも与吉じいさも入っているんじゃないかと思ってるんですよね。40で「海に帰りましたか。」と太一が言っています。海に帰るっていうのは，これも海の命じゃないですか？

C　44に「父がそうであったように，与吉じいさも海に帰っていったのだ。」とあって，やっぱり海の命というのは，海に住んでいる生き物だけじゃなくて，人間も入っているんじゃないですか？

C　○○さんが言っていることは，海に生きている生き物はもちろんだけど，海に生かされている人間も入っているってことですよね。

C　さっきの話に戻るんですけど，海の命っていうのは同じだし，違うってことじゃないですか？　頭がごちゃごちゃするけど，それら全部ひっくるめて題名になっていると思います。

C　片方だけだったら，全部を表していないっていうかなんか違う気がするもんね。

C　だから，抽象的になるけど，全部ひっくるめて題名の海の命になっていると思います。

❸まとめ

> **指示　本時の振り返りをしましょう。**

C　海の命というのは，同じだけどちがう。それが86と91の結論だと思う。海の命を読み取ることが必要不可欠だと思った。

C　１つの場面だけでなく他の場面をふくめ，物語全体を見ることが大切だと思った。

次時に，海の命を題名に詩を創作し，考えを交流することを伝えておく。

（西本充志）

ディスレクシアと向き合う
～読み書きの喜び～

　ディスレクシアとは，局限性学習症（いわゆる学習障害）の一つで読字に関しての困難さをもつ症状である。日本では，読字に関する困難は書字にも困難を来すため，読み書き障害と呼ばれることがある。ハリウッドスターのトム・クルーズさんが，自身がディスレクシアであることを公表したことで認知度は広がりを見せてはいるが，一般に浸透している状態ではない。しかし，事態はそれほど軽いものではなく，ディスレクシアは局限性学習症の中でももっとも多い障害とも言われている。文字そのものがにじむ・かすむ，ゆがむ，左右逆転するなど，さまざまな見え方をし，一文字一文字を捉えるのがやっとで，たどり読みのような音読になったり，読み聞かせを聞くのは好きだが自らは読もうとしなかったり，さまざまな場面で症状が出現し，学力低下の要因にもなっているのである。

　こうしたディスレクシアの問題は，どちらかと言えば，特別支援教育の問題として受け止められ，国語科教育が真正面から向き合ってきた問題ではないかもしれない。しかし，事は言葉の問題，読み書きの問題である。言葉を中心に学ぶ国語科も共に考えていくことが責務であるように思える。文字や文をスリット状にして示したり，タブレットで拡大縮小が自由にできるようにしたり，文字を音声化して音と文字の対応を促したりして，読むことによる世界の広がりを感じてほしい。子どもたちは幼児期に文字への関心を高め，伝えたい想いが書くという行為につながっていくが，書字が困難であれば，五十音による文字入力で，文字で伝える喜びを味わってほしい。読み書きの喜びは，言葉を学ぶための原体験となる。

　国語科としてどれだけのことができるのか未知な部分も多いが，音読のあり方は十分考える必要があるだろう。少なくとも，初読でいきなり指名して読ませるようなことは避けるべきである。また，ディスレクシアの状態を考えると，指導として有効なのは「追い読み」が考えられる。先生が先に読み，子どもが後に付けて読むという指導方法だが，読む文節の長さを調整したり，音と文字を指でたどらせてみたり，追い読みだけでもさまざまな工夫ができる。

　さらに，文字を捉えるのが難しければ暗記しながら読んだり，慣れてきたら一度も読み間違えずにどこまで読めるかに挑戦したりすることもできるだろう。短いセンテンスを音声でどう表現するか，なぜそう表現するか，読み声を交流し，意味・解釈を図っていくことも有効かもしれない。私たちが手にしている指導法をディスレクシアの知見から見直すと，より効果的な音読指導へとブラッシュアップすることができる。

　現在は，音読指導アプリなどが開発され療育的指導も進んでいる。国語科教育も読み書きという根幹にかかわる問題と受け止め，インクルーシブな教育へと向かいたい。読む喜び，書く喜びが広がる国語科教育を目指していきたいと思う。

（香月正登）

第4章

「提案読み」
「批評読み」の
年間発問アイデア集

　第4章では，教科書会社2社の説明的な文章・文学的な文章の教材を取り上げ，「提案読み」「批評読み」を促す発問アイデアを例示している。取り上げるのは，初読の際に子どもがもちそうな，またはもてるようになってほしい感想や疑問（誤読も含む），そこから立ち上がりそうな学習課題（普段使いを重視し，概ね教科書の手引きに沿うものを挙げた），その追究の中で取り上げると面白そうな発問の3点である。

　なお，これらは1単位時間や単元の流れを示すものではなく，あくまでアイデアをポイントとして例示するものである。この順にすべて行うものではなく，授業づくりのヒントの一例として捉えてほしい。

1 全学年の年間発問アイデア集 光村図書版

■ 1年 説明的文章

教材名	初読の際，想定される子どもの意識	○学習課題 ・発問の例
くちばし	・鳥のくちばしが，どのような形をしているのかがよく分かった ・鳥が，くちばしを使って何をするのかがよく分かった ・他の鳥のくちばしのクイズも作れそうだ　問いと答え	○鳥のくちばしのクイズは，どのように作ったらよいのかな ・鳥にとって，なぜくちばしの形は大事なのでしょうか ・問いの文を読むと，どのような気持ちになりましたか
うみの かくれんぼ	・海の生き物が，いろいろな隠れ方をしていることがよく分かった ・一番見つからないのは，砂の中に隠れるはまぐりだと思う　比較，相違 ・体の色を変えて隠れるたこはすごいと思う　比較，相違 ・きっと，敵に見つからないようにするために隠れるのだと思う	○一番～なのは，どのかくれんぼかな ・どの生き物のかくれんぼが一番～でしょうか ・3つの生き物のかくれんぼで，似ているところはあるでしょうか ・あなたがかくれんぼをするとしたら，自分のよさを生かして，どのようにかくれますか
じどう車 くらべ	・自動車の仕事の違いがよく分かった　比較，相違 ・自動車の仕事が違うから，窓やタイヤなどの大きさや数が違うのだということが分かった　因果関係 ・救急車や消防車にも，バスやクレーン車とは違うところがあるはずだ ・他の自動車の仕事も，同じように説明できると思う	○どのようなことに気を付けて，自動車のことを紹介する文を書くとよいのかな ・もっと説明してほしかったことはありますか ・他のつくりが説明されていないのは，なぜでしょうか ・どのようなつくりを選んで説明するとよいでしょうか
どうぶつの 赤ちゃん	・強いイメージのあるライオンの赤ちゃんが弱々しいのは意外だった ・しまうまの赤ちゃんが，生まれて30分で立ち上がって，次の日には走ることに驚いた ・ライオンよりもしまうまの赤ちゃんの方が，すぐに自分で何でもできるようになっている　比較，相違	○動物の赤ちゃんには，どのような違いがあるのかな ・一番心に残った違いはどこですか ・筆者のますいさんは，どのようなことを伝えたくてこの文章を書いたのでしょうか ・他の動物の赤ちゃんと，ライオンやしまうまの赤ちゃんのどのようなところを比べてみたいですか

■ 1年 文学的文章

教材名	初読の際，想定される子どもの意識	○学習課題　・発問の例
おおきな かぶ	・「うんとこしょ，どっこいしょ」のところが好きだ　繰り返し，変化 ・「～かぶはぬけません」「とうとう，かぶはぬけました」のところが好きだ 　繰り返し，変化 ・「おおきなおおきなかぶ」ができたところが面白い　場面の様子 ・小さい人が呼ばれるのが面白い　順序	○話の様子がよく分かる楽しい劇にするには，どうすればよいのかな ・「うんとこしょ，どっこいしょ」は，変化させて言う方がよいでしょうか ・かぶが抜けた後に，みんなで，どのような話をしたでしょうか ・大きい人が呼ばれていたら，面白い話ではなくなるでしょうか
やくそく	・青虫たちは，木のおかげで仲直りができたし，優しくなった　変化 ・青虫たちは，一番高い枝に登って，よくないことをしたことに気づいた 　変化の要因 ・青虫たちは仲直りをしたから，蝶になって一緒に海を見に行ったと思う	○登場人物の気持ちを伝えるには，せりふをどのように読めばよいのかな ・いつも見ていた景色と，一番高い枝から見た景色は，どのように違っていたのでしょうか ・青虫たちは，「やくそく」のことを，木にどのように話すでしょうか
くじらぐも	・「天までとどけ，一,二,三」が好きだ 　繰り返し，変化 ・くじらぐもが，子どもたちの真似をするところが面白い　場面の様子 ・くじらぐもの上で，いろいろなことをしている子どもがいて面白い 　場面の様子，気持ち，挿絵 ・くじらぐもに乗ってみたい	○くじらぐもに乗ったら，どのような感じがするのかな ・「天までとどけ」が，「空までとどけ」だとしても，雲に乗れたでしょうか ・くじらぐもに乗ったら，どのようなことをしてみたいですか ・家に帰って，くじらぐもとの出来事を，家族にどのように話すでしょうか
たぬきの 糸車	・おかみさんもたぬきも優しい人物だと思う　人物像 ・たぬきは，おかみさんのことが大好きなのだと思う　人物像，気持ち ・たぬきが，木こりにたぬきじるにされなくて安心した ・たぬきが糸を紡いでいるところを，木こりに見つからなくてよかった	○たぬきの気持ちが分かるせりふを加えるとしたら，どのようなせりふにするとよいのかな ・たぬきの気持ちが分かるところはどこでしょうか ・たぬきが糸を紡いだのは，恩返しでしょうか，楽しそうだったからでしょうか
ずうっと， ずっと， 大すきだよ ※ p.72～参照	・エルフが死んでしまって悲しい。「ぼく」も悲しかっただろう　気持ち ・「ぼく」がエルフに，「ずうっと，大すきだよ」と言っているところが好きだ 　繰り返し，変化 ・最後は「ずうっと，ずっと，大すきだよ」になっている　繰り返し，変化	○「ひみつ」がありそうなのはどれかな ・なぜ，毎晩エルフに「ずうっと，大すきだよ」と言ったのでしょうか ・なぜ最後は「ずうっと，ずっと，大すきだよ」に変わったのでしょうか ・なぜ「ぼく」はエルフのことを話したのでしょうか

■ 2年 説明的文章

教材名	初読の際，想定される子どもの意識	○学習課題 ・発問の例
たんぽぽのちえ	・たんぽぽが，種を飛ばすまでに変化していることがよく分かった 順序 ・一度地面にたおれた後で，また起き上がるのが面白いと思った。これまで気づいたことがなかった 順序 ・たんぽぽの種にわた毛がある意味が分かった 理由	○たんぽぽの知恵とは，どのようなものなのかな ・種を太らせたり，綿毛を作ったりするのは，何のための知恵でしょうか ・たんぽぽの変化がよく分かったのは，筆者のうえむらさんの説明の仕方のどこがよかったからなのでしょうか
どうぶつ園のじゅうい	・獣医が，どのような仕事をしているのかが分かった ・たくさんの仕事があって，獣医さんは大変そうだと思った ・一番難しい仕事はどれなのだろうか 比較，相違，共通	○一番大変な仕事はどれなのかな ・それぞれの仕事の大変さは，どのように違うのでしょうか ・お風呂に入るのは仕事なのでしょうか ・獣医の仕事のことで，もっと知りたいと思ったことは何ですか
馬のおもちゃの作り方	・どのような動きをするおもちゃができるのか，楽しみにしながら作ってみた ・説明と写真を見て，馬のおもちゃが上手く作れた 文章と写真の関係 ・言葉の説明だけで分からないところは，写真を見ると分かったから写真はあった方がよかった ・作り方がよく分からなくて，迷ったところがあった	○作り方を分かりやすく説明するには，どうすればよいのかな ・筆者のみやもとさんの作り方の説明を基におもちゃを作るとき，役に立った説明はどれですか ・もっと説明してほしいと思ったことはありますか ・何に気を付けて説明すると，分かりやすいのでしょうか
おにごっこ ※p.40～参照	・いろいろなおにごっこの遊び方のよいところが分かった ・確かに，逃げてはいけないところを決めた方が，おにごっこが楽しいと思う 事例 ・逃げる人だけが入れるところを作る遊び方をやったことがあるけれど，ずっと入っていて楽しくないときもあるから納得はできない 事例 ・他にも知っているおにごっこの遊び方があるから紹介したい	○誰もが楽しいと思えるように，筆者のもりしたさんは紹介の仕方にどのような工夫をしたのかな ・もりしたさんは，読む人にどのような思いを伝えたかったのでしょうか ・紹介するおにごっこの順序が変わったら，「誰もが楽しめるおにごっこ」が紹介されていると言えるでしょうか ・選んだおにごっこを「誰もが楽しめる」と思ってもらうためには，どのように紹介するとよいでしょうか

■ 2年　文学的文章

教材名	初読の際，想定される子どもの意識	○学習課題　・発問の例
ふきのとう	・ふきのとうから始まって，雪，竹やぶ，お日さま，春風と会話がつながるところが面白い　場面の様子 ・春風が目をさましてくれたおかげでやっと春になった　変化 ・ふきのとうは外が見たいと思っていたから，顔を出せて喜んだだろうと思う ・ふきのとうが顔を出した「もっこり」のところが好きだ	○話の様子がよく分かるように音読するには，どうすればよいのかな ・春風が吐いた息は，どのようなものだったのでしょうか ・「ふかれて，ゆれて，とけて，ふんばって」のときの気持ちは，どのような言葉で表せるでしょうか ・「こんにちは」を，どのように読みますか
スイミー	・スイミーが「ぼくが，目になろう」と言ったところが好きだ ・みんなで大きな魚のふりをしたのが面白い　場面の様子 ・スイミーはみんなのためになることを考えていてすごい　人物像	○スイミーは，どのような魚なのだろう ・スイミーのことが一番分かるせりふはどれでしょうか ・スイミーは，なぜ，まぐろを追い出す気持ちになれたのでしょうか ・スイミーを，どのように紹介しますか
お手紙 ※p.78〜参照	・かえるくんは，がまくんと一緒に不幸せな気持ちになるなんて，がまくんのことを思っていて優しい　人物像 ・かえるくんのお手紙の「親友」という言葉がとてもよいと思う ・がまくんとかえるくんが幸せな気持ちになってよかった　変化 ・かたつむりくんが手紙を運ぶのに4日間もかかったところが面白い　場面の様子	○好きな登場人物は誰かな ・登場人物の好きなところはどこですか ・4日もかかったので，かえるくんは自分が行くか，もっと早く届けてくれる人に頼むのが正解だったのではないでしょうか ・手紙が届くまでの4日間，がまくんとかえるくんはどのような話をしたでしょうか
わたしはおねえさん	・すみれちゃんは，よいおねえさんになりたいという気持ちでいっぱいだ ・自分だったら，かりんちゃんのことを怒るかもしれない　自分との比較 ・すみれちゃんはおねえさんだから，かりんちゃんのことを怒るのを我慢したのだと思う　人物像，気持ち ・すみれちゃんは，なぜ，かりんちゃんがかいた絵を消すのをやめたのだろう　変化	○すみれちゃんは，どのようなおねえさんなのかな ・すみれちゃんは，「やさしい」「元気な」「えらくて」「がんばる」おねえさんだったでしょうか ・すみれちゃんのような気持ちになったことがありますか ・かりんちゃんの絵を消すのをやめたすみれちゃんは，どのようなおねえさんなのでしょうか

教材名	初読の際，想定される子どもの意識	○学習課題　・発問の例
スーホの白い馬	・スーホが白馬のことを大切にしている気持ちが伝わったし，白馬もスーホのことが大好きなのだと思う　気持ち，人物の相互関係 ・殿様は，ひどいことをするから嫌いだ ・馬頭琴は，昔から伝わる意味のある楽器なのだと思う	○馬頭琴は，どのような思いがこもった楽器なのかな ・スーホの白馬への思いが分かるのは，どの文章でしょうか ・白馬が，「わたしは，いつまでもあなたのそばにいられますから」と言ったのはなぜでしょうか

■　3年　説明的文章

教材名	初読の際，想定される子どもの意識	○学習課題　・発問の例
こまを楽しむ	・紹介されているこまを，実際に見たりやったりしてみたい ・紹介されている6種類以外のこまのことも知りたくなった ・こまは，長く回すことが楽しいと思っていたけれど，それだけではないのだと思った ・回っているときの様子や，回し方に特徴があるこまが，いろいろあることが分かった　比較	○こまには，どのような楽しみ方があるのだろうか ・説明されている6種類のこまには，それぞれどのような楽しさがあるのでしょうか ・6種類のこまを分類するとしたら，どのような分類ができるでしょうか ・筆者の安藤さんが，6種類のこまを取り上げたのには，どのような意味があるのでしょうか
すがたをかえる大豆	・納豆は大豆だと知っていたけれど，枝豆も大豆だったとは知らなくて驚いた　事例 ・「すがたをかえる」というのは，大豆がいろいろなものになるということだ　題名 ・大豆はたくさんのものの材料になっているので，すごい食品だと思う	○大豆のことをすごいと感じたのは，筆者の国分さんの説明の仕方にどのようなよさがあるからなのかな ・事例は，どのような順序になっているのでしょうか ・取り入れる時期や育て方の工夫を最後に述べるのはよいのでしょうか ・自分が説明するときに真似したいのは，どのような説明の仕方ですか
ありの行列 ※ p.46〜参照	・ありは，目で前のありを見ながら行列を作っていると思っていたので，ものがよく見えないことに驚いた ・ありが地面につけている液は，どのようなにおいがするものなのだろう ・ありの進む道筋に大きな石を置いておいた2つ目の実験があるから，1つ目の実験では分からないことが知れて面白いと思った　段落の関連	○なぞとき説明文「ありの行列」のナイスポイントを見つけよう！ ・文末は，使い分ける必要があるのでしょうか ・順番を表した言葉がいくつあるのでしょうか ・②〜⑧段落の中で，一番大事な段落はどれでしょうか

■ 3年 文学的文章

教材名	初読の際，想定される子どもの意識	○学習課題　・発問の例
きつつきの商売	・「おとや」というお店は人間の世界では無いから面白いと思った ・きつつきにぴったりな商売をしていると思った　題名との関連 ・きつつきは，どうやって「とくとく，とくべつメニュー」を思いついたのだろうか ・「とくとく，とくべつメニュー」だと商売にならないけどよいのか	○きつつきがしたい商売は，どのような商売なのかな ・ぶなの木の音と，「とくとく，とくべつメニュー」の音との違いは何でしょうか ・「とくとく，とくべつメニュー」の音を聞いた野ねずみたちは，どのようなことを思ったでしょうか ・あなたなら，どのような「とくとく，とくべつメニュー」をつくりますか
まいごのかぎ	・思いもしない不思議な出来事が起こって，りいこが焦ったことがよく分かった　気持ち ・りいこは，余計なことをしていたという気持ちに変化があった　変化 ・最初に出てきたうさぎが，最後も出てくるところが面白い　伏線	○りいこの気持ちは，どのように変わっていったのかな ・りいこの気持ちが変わったのはどこでしょうか ・りいこが考えていた「よけいなこと」とは，うさぎをかいたことでしょうか。消したことでしょうか
ちいちゃんのかげおくり	・戦争は怖いし嫌だ ・ちいちゃんは，一人になって怖くて心細くて不安だったと思う　気持ち ・隣のおばさんが一緒に連れて行ってくれたらよかったのにと思う ・最初のかげおくりは，家族みんなでやって楽しそうだけれども，最後はかげおくりが悲しいものになっている　場面の様子	○物語からどのようなことを感じるかな ・1場面と4場面のかげおくりは，どちらが幸せでしょうか ・ちいちゃんにとっては，1場面と4場面のかげおくりに，どのような違いがあるのでしょうか ・なぜ，「ちいちゃんの命」ではなく，「小さな女の子の命」としたのでしょうか
三年とうげ	・言い伝えを信じて本当に病気になったおじいさんが面白かった　人物像 ・トルトリのアイデアに納得をしたし，賢いなと思った　構成 ・歌を聞いて，三年とうげでみんなが転ぶようになるのではないか	○物語の面白さをどのように紹介するとよいかな ・言い伝えと歌とでは，どのような共通点や相違点があるのでしょうか ・言い伝えに対するみんなの捉え方は変わるでしょうか
モチモチの木 ※p.84〜参照	・豆太は，臆病だったけれど，勇気が出せる子どもになったのだと思う　人物像，変化 ・じさまが元気になったらしょんべんに起こしているから，勇気がない子どもに戻ったのだと思う　人物像，変化	○豆太は，どのような子どもなのかな ・豆太を臆病と言っているのは，だれなのでしょうか ・最後の語りは必要なのでしょうか ・最後の語りで伝えたかったことは何なのでしょうか

■ 4年　説明的文章

教材名	初読の際，想定される子どもの意識	○学習課題　・発問の例
アップとルーズで伝える	・アップとルーズを比べているから，それぞれのよさが分かった　構造，比較，相違 ・アップのルーズの写真があるから，具体的に理解できる　資料 ・筆者の中谷さんは，アップとルーズを使い分けることが大切だと言っている　主張 ・アップとルーズに着目してテレビや新聞を見てみたい	○よく分かる説明にするために，どのような工夫がされているのかな ・対比を使うのは，どのようなときに効果的でしょうか ・筆者の中谷さんの考えが書かれているのはどこでしょうか ・対比や写真の使い方，考えの書き方や具体例の挙げ方など，中谷さんの説明の仕方で，どれが自分にとって効果的でしたか
世界にほこる和紙	・和紙の特徴や洋紙との違いが分かった ・ユネスコの無形文化遺産は，和紙を作る技術のことをいっているので，作り方を詳しく説明してもよいのではないか　事例 ・和紙を使ってほしいと考える2点目の理由が分かりにくかった　考えと理由	○筆者の増田さんの考えに対して，自分はどのように考えるかな ・増田さんが，和紙を使ってほしいと考える2点目の理由は何でしょうか ・増田さんが和紙を使ってほしいと考える一番の理由は何でしょうか ・増田さんの和紙に対する考え方に納得できますか
ウナギのなぞを追って	・ウナギがたまごを産む場所のなぞを追う調査について説明されていた　題名 ・80年もたってやっとたまごを産む場所が分かったということは，とても苦労していると思った ・まだ残っているなぞを解決するのも難しそうだ	○調査の大変さが伝わってくるのはなぜなのかな ・どの文や資料から，調査が大変そうだと感じましたか ・予想の文がなかったら，読んだときの印象が変わるでしょうか ・筆者の塚本さんは，この文章でどのようなことを伝えたいのでしょうか

■ 4年　文学的文章

教材名	初読の際，想定される子どもの意識	○学習課題　・発問の例
白いぼうし	・女の子は，たけおくんが捕まえていた蝶だったのだと思う　場面の関連 ・松井さんは，優しい人だ　人物像 ・ふつうは子どもだけをタクシーに乗せることはないと思うけど，松井さんはなぜ	○松井さんは，おふくろに不思議な出来事のことをどのように話すのかな ・松井さんが，たけおくんに謝らずに，夏みかんを置いておくのは優しいのでしょうか

	・女の子を乗せたのだろう ・不思議な出来事のことを，松井さんはどのように思ったのだろう	・松井さんは，聞こえてきた「よかったね」「よかったよ」を誰のどのような言葉だと思ったのでしょうか
一つの花	・「一つだけ」しかもらったりあげたりできないことが，ゆみ子もお父さんもお母さんも悲しかったと思う　場面の様子 ・コスモスの花でゆみ子が泣き止んで，お父さんは安心したと思う ・最後の場面で，物が豊かで明るい世の中になった様子が分かった　変化	○「一つの花」とは，何を意味しているのかな ・ゆみ子の「一つだけ」とお父さんの「一つだけ」の意味は同じでしょうか ・一つの花を見つけて戦争に行ったお父さんの思いは，10年後のゆみ子に伝わっているのでしょうか
ごんぎつね ※p.90～参照	・ごんの気持ちが兵十に伝わらずに撃たれてしまうなんて悲しい。兵十はもう少し待って確かめてほしかった ・ごんは，いたずらばかりしていたけれど，兵十のお母さんが亡くなって気持ちが変わった　変化 ・撃たれたごんは，どのような気持ちなのだろう，撃った兵十は，どのような気持ちなのだろう　気持ち	○どの文がどれだけ大切かな ・「さっきの話は，きっと，そりゃあ，神様のしわざだぞ。」「そうだとも。だから，毎日，神様にお礼を言うがいいよ。」この文はどれくらい大切でしょうか。どうして大切なのでしょうか ・「これは，私が小さいときに，…聞いたお話です。」の文は，どれくらい大切でしょうか
プラタナスの木	・おじいさんが，なぜ公園に来なくなったのかが気になる　変化 ・マーちんたちは，プラタナスの幹や枝になったつもりの行動をしたけれど，ふつうはしないと思う　結末 ・マーちんが思っているように，春になったらプラタナスから芽が出たり，おじいさんとまた会えたりするのか	○おじいさんが，マーちんたちに気づかせたのは，どのようなことなのかな ・切りかぶになったプラタナスを，前向きな気持ちで受け止められたのはなぜでしょうか ・マーちんは，なぜまたおじいさんに会えると思っているのでしょうか（伏線を読む）
初雪のふる日	・女の子がさらわれそうになって怖いし，不思議な出来事だと思った　場面の様子 ・うさぎはかわいいイメージだったけど，この話の中では怖い　登場人物 ・「かた足，両足，とんとんとん」が何度も出てくるのが，怖さを生んでいるのではないか　仕掛け	○なぜ，暗くて怖い話だと感じるのかな ・怖さがあるのはどこでしょうか ・「かた足，両足，とんとんとん」には，どのような怖さがあるのでしょうか ・女の子のなぞなぞの，どのようなところが素敵なのでしょうか ・女の子は，家に帰って出来事のことをどのように伝えるでしょうか

■ 5年　説明的文章

教材名	初読の際，想定される子どもの意識	○学習課題　・発問の例
言葉の意味が分かること	・一つの言葉で，いろいろなことを意味しているというのが分かった ・外国語と日本語では，同じ言葉でも示していることが違う場合があることが分かった ・外国語を勉強するときに，言葉の意味の範囲が日本語とは違うことを意識していると，正しく習得できそうだ ・「言葉の意味が分かる」とは，一つではなく様々な意味を理解しているということなのではないか　要旨	○言葉の意味が分かるとは，どのようなことなのかな ・「『コップ』の意味に広がりがある」ことの説明に納得できますか ・筆者の今井さんが伝えたいのは，「言葉の意味が分かること」，「言葉の意味を分かるために」，「言葉の意味が分かると」のどれなのでしょうか ・「言葉の意味が分かること」は，「ものの見方を見直す」ことにつながりそうだと思いますか
固有種が教えてくれること ※p.58〜参照	・固有種が減ってきていることは問題だと感じた。絶滅したら，二度と存在することがないからだ ・「人間の活動によって固有種が減ってきている」ということが強く印象に残った ・固有種が教えてくれることは，自然環境のことだと思った ・グラフや写真で，言葉だけでは分からないことがよく分かった　資料	○この説明文で，一番効果的な資料はどれかな ・資料の効果は大きいでしょうか，小さいでしょうか ・「筆者の主張」＝「固有種が教えてくれること」でしょうか ・それぞれの資料は，どの段落と結びついているでしょうか ・「ほかく数」は「保護」でしょうか，「駆除」でしょうか
想像力のスイッチを入れよう	・思い込みによって，事実とは異なる捉え方をしていることはありそうだ ・想像力のスイッチを入れたら，勘違いなどで人に迷惑を掛けたり傷つけたりすることが減りそうだ ・「スイッチを入れよう」という言葉が印象に残った　題名 ・「まだ分からないよね」のスイッチが最も大切なのではないだろうか 比較，情報の関係	○想像力のスイッチが入ったかな ・筆者の下村さんは，なぜこの説明文を書いたと推測できますか ・どのスイッチが大切だと考えますか ・「『事実かな，印象かな』と考える」ことは，想像力なのでしょうか ・想像力のスイッチが入った，入らなかった理由は何でしょうか

5年　文学的文章

教材名	初読の際，想定される子どもの意識	○学習課題　・発問の例
なまえつけてよ	・春花が考えていた子馬の名前は何だったのだろう，紙の馬の名前は何にしたのだろう ・勇太と春花は，2人とも友達になりたいのだと思う　気持ち，人物同士の関係 ・勇太は優しい　人物像	○春花は，紙で折った馬に，子馬に付けようとしていた名前を付けるでしょうか ・春花にとって，2つの「なまえつけてよ」の意味に違いがあるのでしょうか ・この物語の中で，陸が描かれている役割は何でしょうか
たずねびと	・原爆は怖いものだと感じた ・原爆で亡くなった人のことを忘れないでいてほしいというのが，おばあさんの願いだと思う　気持ち ・原爆のことを忘れた方が，おばあさんは気持ちを楽にして暮らせるのではないか ・遺族が見つかることはほとんどないのだと思うけど，それでも活動をしているおばあさんはすごい	○作品を通して，どのようなメッセージを捉えるかな ・ノンフィクションの部分はどこでしょうか ・作者の朽木さんが綾の出来事として語ったのはなぜでしょうか ・綾がアヤの遺族や知り合いではないことが分かってもがっかりしなかったおばあさんは，どのような思いで活動をしているのでしょうか
やなせたかし―アンパンマンの勇気	・アンパンマンに込められた意味や思いを初めて知った ・やなせさんは，苦しんでいる人に対して優しい人なのだと思う　人物像 ・亡くなる直前まで絵や物語をかいて，人を喜ばせようとしていたのだと思う　人物像	○やなせさんは，どのような生き方をしたのかな ・印象に残った出来事は何ですか ・作者の梯さんがこれらの出来事を選んだ理由は何でしょうか ・やなせさんの考える勇気や正義について，どう思いましたか
大造じいさんとガン ※p.96～参照	・残雪は，仲間のことを思う賢くて強い頭領だと思った　人物像 ・大造じいさんが，残雪のことを狩らなかったのは意外だった　気持ち，人物同士の関係 ・次の年は，どのような戦いになるのか気になった　人物同士の関係	○大造じいさんは狩人なのに，なぜ残雪を狩らなかったのかな ・もっと知りたいと思うことは何ですか ・大造じいさんの作戦で，卑怯だと思うやり方がありますか ・大造じいさんが思っている卑怯とは，どのようなことでしょうか

■ 6年　説明的文章

教材名	初読の際，想定される子どもの意識	○学習課題　・発問の例
時計の時間と心の時間	・時間について感じていたことが取り上げられていて興味がもてた ・「心の時間」について，普段疑問に感じていたことの理由がよく分かった　事例，理由 ・筆者の一川さんの主張に納得できた　主張 ・「心の時間」を頭に入れて，「時計の時間」を道具として使うということの具体的なことがよく分からない　主張，事例	○「時間」とは，どのように付き合っていくとよいのかな ・「心の時間」の特性に納得できたのは，事例の挙げ方にどのようなよさがあるからでしょうか ・「時計の時間」が不可欠なものであるという事例を入れるとしたら，どのようなものが考えられるでしょうか ・説明を踏まえて，あなたは「時間」とどのように付き合っていきたいと思いますか
『鳥獣戯画』を読む	・読んでいる人に投げかけている文や，話しているような書き方があって，読みやすい文章だと思った　表現 ・「人類の宝」と言っているところなどから，筆者の高畑さんが「鳥獣戯画」を素晴らしいと思っていることが伝わってくる文章だった ・「鳥獣戯画」に描かれていることの意味と，歴史や価値がよく分かった	○自分の好きな絵のことを，どのように説明するとよいのだろう ・筆者の高畑さんの述べ方で，分かりやすさや分かりにくさに関わるのは，どこでしょうか ・なぜ題名は「見る」や「鑑賞する」ではなく，「読む」なのでしょうか ・高畑さんの「読む」視点は，どのように変わったのでしょうか
メディアと人間社会／大切な人と深くつながるために／【資料】プログラミングで未来を創る ※p.64〜参照	・どの文章もこれからの社会で大切にしてほしいことが述べられている ・筆者の〜さんの文章が，自分にとっては一番納得できた ・どのようなことを大切にしてほしいと言っているのだろうか　主張 ・池上さんたち3人の筆者の主張や述べ方に共通点はあるのだろうか　比較，共通，相違	○これからの社会を生きていく上で，何が一番大切なのかな ・なぜ，筆者の〜さんの文は，多くの人の支持を得ているのでしょうか ・それぞれの筆者は，何を伝えようとしているのでしょうか ・自分が「これからの社会を生きていく上で大切なこと」について語るとき，誰の書き方が一番参考になりますか

6年　文学的文章

教材名	初読の際，想定される子どもの意識	○学習課題　・発問の例
帰り道	・同じ出来事が，二人の視点で書かれていて面白い　視点 ・二人の視点で書かれているから，二人の考え方や感じ方がよく分かった　人物像 ・2を読むまでは，周也はきつい性格なのかと感じていた ・どちらかの視点だけで書かれていたとしても，同じような感じるのだろうか	○「行こっか」は，律と周也のどちらが言ったのかな ・律と周也は，どのような人物だといえるでしょうか ・1しか読まなかったときと，1と2の両方を読んだときとで，周也の人物像の捉え方が変わるでしょうか ・周也が「投げそこなった」と思ったのは，どのような言葉だったでしょうか
やまなし	・「クラムボン」や「かぷかぷ笑った」など，分からない表現がある　表現 ・普段使わないような色彩表現がたくさん使われているのが印象に残った ・どのような出来事があったのかを説明するのが難しい　場面の様子 ・内容が捉えにくかった　構成，表現，言葉の使い方	○作品を通して，どのようなメッセージを捉えるかな ・語り方に，どのような特徴があるでしょうか ・かにの兄弟の姿の語りから，どのようなメッセージを捉えますか ・メッセージを捉えるときに，何に着目しましたか
海の命 ※p.102〜参照	・与吉じいさの「千びきに一ぴき」という教えは，海の命を大切にしている考えなのだと思う ・太一のクエに対する思いは，なぜ変わったのか　変容 ・クエに言った「おとう，ここにおられたのですか」という言葉が気になる ・「村一番の漁師」「海の命」とは何を意味しているのだろうか　象徴	○「海の命」とは何かな ・太一が母の影響を受けていたことが分かる一文はどれでしょうか ・クエや大魚，瀬の主など，同じものなのに，なぜ呼び方が違うのでしょうか ・「大魚はこの海の命だと思えた」「千びきに一ぴきしかとらないのだから，海の命は全く変わらない」の2つの「海の命」は同じでしょうか

（住江めぐみ）

2 　全学年の年間発問アイデア集 東京書籍版

■ 1年　説明的文章

教材名	初読の際，想定される子どもの意識	○学習課題　・発問の例
さとうとしお	・両方，見たことも食べたこともあるよ ・味はずいぶん違うけど，見た目はよく似ているね　共通点 ・味だけでなく触り心地や材料も違うんだね。知らなかったよ　相違点 ・見た目は同じだと思っていたけど，写真で見ると，ちょっと違うね　写真	○砂糖と塩は，どんなところが違うかな ・砂糖や塩について知っていること，見たり触ったりしたことがありますか ・「触ってみるとどうでしょう。砂糖は甘いです。」に変えてもよいですか ・「塩は，しょっぱいです。砂糖は，甘いです。」と並べ換えてもよいですか
どうやってみをまもるのかな	・やまあらしは，触ったら痛いだろうね ・あるまじろってどのくらい堅いのかな ・すかんくの敵にはなりたくないなあ ・それぞれに身の守り方が違って，面白いな　相違点 ・ページをめくると答えが出てきて，クイズみたいで楽しいな　問いと答え	○一番安全な身の守り方はどれだろう ・この絵の動物は，どんな身の守り方をするでしょうか（予想） ・他の動物にも，その身の守り方ができるでしょうか ・動物たちが，自分の身の守り方を自慢するなら，何と言うでしょうか
いろいろなふね ※p.34〜参照	・いろんな船があるね。乗ってみたいな ・フェリーボートに乗ったことがあるよ。車を停めるところがあったよ ・漁船が好きだな。機械もあるし，網も思ったよりも大きそうだな　写真 ・どの船にも，それぞれの役目があるんだね　構成，まとめ	○乗ってみたい未来の乗り物を友達に伝えるには，どう説明するとよいかな ・どんな船を知っていますか ・（段落を構成する文をバラバラに示して）どんな順番になるでしょうか ・4つの船をすごい（乗ってみたい）と思う順に並べるとどうなるでしょうか
子どもをまもるどうぶつたち	・こんな動物がいるなんて初めて知った ・背中に子どもを乗せているオオアリクイがかわいいな ・コチドリはこんなに小さいのに，おとりになって，怖くないのかな ・子どもの守り方は，動物によって違うんだね。でも，どちらの親もえらいなあ　共通点，相違点	○オオアリクイとコチドリは，似ている？似ていない？ ・オオアリクイ（コチドリ）の「ちえ」とは，どんなことでしょうか ・コチドリの写真は，なぜ親だけ？ ・2つの動物の説明で，同じ言葉を使っているところはありますか ・なるしまさんは，なぜこの2つの動物を紹介することにしたのでしょうか

■ 1年　文学的文章

教材名	初読の際，想定される子どもの意識	○学習課題　・発問の例
おおきな かぶ	・最後にかぶが抜けて，よかったな ・「うんとこしょ」と，何回もがんばるところが面白いな　繰り返し ・引っ張る人がどんどん増えていくのが面白いね　順序 ・声に出して読みたくなるよ　リズム	○どんな風に音読したら，お話の楽しさが伝わるかな ・「うんとこしょ」の声の大きさは，最初と最後で同じですか，変えますか ・なぜ，こんなにかぶが抜きたいの？ ・かぶが抜けた後，みんなはどんなお話をするのでしょうか
かいがら	・自分が一番好きな貝殻をあげるなんて，くまのこは優しいな ・2人とも嬉しそうで，よかったな ・くまのこは悩んだだろうな　気持ち ・なんで，一番好きな貝殻をあげてしまったのかな。それでよかったのかな	○くまのことうさぎのこは，この後どんなお話をしたのかな ・うさぎのこが縞模様の貝殻を選ぶのをくまのこは予想していたでしょうか ・2人で聞いているのは，何の音？ ・「だから，あげるんだ」を「でも」に変えても，同じお話になるでしょうか
サラダで げんき	・りっちゃんのサラダを食べてみたい ・みんなの力で，いいサラダができた ・いろんな動物が来て，サラダの材料がどんどん増えていくのが面白いな ・私だったら，他にこんなものも入れてみたいな　出来事の拡張	○誰がどんなサラダの材料をもってきたら，お話がもっと面白くなるかな ・どの材料が好きですか。どの動物がいい仕事をしたと思いますか ・アフリカぞうがしてくれたことも，「げんき」と関係があるのでしょうか
おとうと ねずみチロ	・チロはかわいいな。ちゃんとすてきなチョッキがもらえてよかったな ・「チロのはないよ」と言われたときは，不安だっただろうな　気持ち ・チロの声は，本当におばあちゃんのところまで届いたのかな	○どんな風に音読したら，チロのことがよく伝わるかな ・最初の丘の上での会話文をすべて元気な声で音読してもよいでしょうか ・一番大きな声で音読したいのは，どの会話文ですか
スイミー	・スイミーは賢いし，勇気があってすごいよ　中心人物 ・ゼリーのようなくらげや，ドロップみたいな岩を見てみたいな ・みんなで大きな魚になって追い出したところで，やったねと思ったよ ・まぐろが来た後は悲しかったけど，最後は嬉しかったよ　明暗の対比	○自分の好きなところをどう読んだら，友達にも伝わるかな ・お話の挿絵を，明るいと暗いに分けて貼るとどうなりますか ・なぜ，スイミーは「けっしてはなればなれに〜まもること」と教えたの？ ・なぜ，スイミーは「ぼくが，目になろう」と言えたのでしょうか

■ 2年 説明的文章

教材名	初読の際，想定される子どもの意識	○学習課題 ・発問の例
たんぽぽ	・たんぽぽの花に，100cm もの長い根があるとは知らなかったよ 数値 ・綿毛を飛ばして遊んだことがあるよ。この粒が種だったんだね 挿絵 ・なぜ，花の茎は，倒れたり起き上がったりするのかな ・一つの花にもいろんな部分があって，多くの秘密が詰まっているんだね 事例の数，順序	○たんぽぽの一番すごい秘密として，何を選ぶかな ・問いの文は，どこにあるのでしょうか ・一つの茎に綿毛はいくつくらい付いているのでしょうか ・「はれた日に」綿毛が開くのは，たまたまなのでしょうか ・一番大切だと思うのは，どの部分ですか（事例のつながりをつかむ）
サツマイモのそだて方	・生活科でサツマイモを植えたよね。これから，こんなお世話が必要なんだね ・どちらもサツマイモの育て方が分かりやすく書いてあったね 共通点 ・肥料の話は，2つめの資料にしか書いていなかったな 相違点 ・2つとも読んだら，より詳しくなった気がするよ 合わせ読みの効果 ・なぜ，違うことが書いてあるのかな	○2つの文章を読むことには，どんなよさがあるのだろう ・どちらの文章にも書いてあること（一方にしかないこと）は，何でしょうか ・どちらの文章の方が，詳しく書いてありますか（よさの違い） ・これからサツマイモの世話をするときに，特に欠かせないことは何でしょうか（共通点を読むよさ）
ビーバーの大工事	・ビーバーが450m もの大きなダムを作るなんてびっくりしたよ 数値 ・体に，すごいところがたくさんあったけど，特に歯の鋭さには驚いたよ。本当にのみみたいだ 比喩，写真 ・家族総出なのは，人間みたいだね ・この説明文には，問いがないのかな ・巣はどうなっているんだろう？ 本当に安全なのかな まとめ	○動物の体のどんな秘密を見つければ，友達をびっくりさせられるかな ・なかがわさんは，なぜこのお話を書いたのでしょうか…ビーバーのどこをすごい秘密だと思っているのかな ・ダムと巣の位置を図に表すと，どれが一番適切でしょうか ・巣を作ることも，「大工事」に入っていますか。「工事」くらいですか
あなのやくわり	・そういえば，穴が開いている物がたくさんあるな。気にしたことがなかった ・「あなは，何のためにあいているのでしょうか。」が問いの文だね 問い ・プラグの穴には，そんな理由があったんだね。図でよく分かったよ 図 ・役割はそれぞれ違うのだね 相違点 ・他にも穴が開いている物があったかな。探してみたいな まとめ	○身の回りにある穴の役割を説明するためには，何に気を付ければよいかな ・穴の役割は，4つの段落のそれぞれどこに書いてありますか ・にいださんは，なぜ，穴の役割だけでなく，穴がない場合の話をしているのでしょうか ・身の回りで見つけた穴で，4つの穴と似ているものはありますか

■ 2年　文学的文章

教材名	初読の際，想定される子どもの意識	○学習課題　・発問の例
風のゆうびんやさん	・風の郵便屋さんから手紙が届いて，みんな嬉しそうだな。嬉しい手紙だけ届けてくれるのかな ・いろんな人物が出てくるし，手紙の中身もそれぞれ違うみたいだ　相違点 ・くもさんだけ，まだ読んでいないね。起きて，手紙に気づいたかな　相違点	○登場人物や手紙の内容の違いを，音読で表すことができるかな ・一番元気な声で読みたいのは，誰ですか …お母さんと子すずめは，同じ声の大きさで読みますか ・風の郵便屋さんの声は，どれも同じでよいですか
名前を見てちょうだい	・帽子がえっちゃんに戻ってよかったな ・「名前を見てちょうだい」って，何度も言うのが面白いね　繰り返し ・いろんな場所で，いろんな人物に出会うのも面白いよ　場面 ・大男に立ち向かったとき，大きくなったのが不思議だな　不思議さ ・堂々としたえっちゃんはかっこいいな	○場面の様子の違いを，音読で表すことができるかな ・えっちゃんは，なぜ帽子をぎゅうっとかぶったのでしょうか ・えっちゃんは，なぜ大男のときだけ，あんなに怒ったのでしょうか ・えっちゃんは，あっこちゃんにどんなことを話すのでしょうか
ニャーゴ	・ねこの狙いが外れていくのが面白い ・ねこと子ねずみで，ニャーゴの意味が違うのが面白い　すれ違い ・優しくされて嬉しかっただろうから，もう子ねずみを食べないよね　変容 ・最後まで子ねずみを食べられなくて，ねこはがっかりしただろうな	○登場人物のすれ違いを，音読で表すことができるかな ・お話の中心人物は子ねずみ？　ねこ？ ・先生の話と子ねずみのおしゃべりを，どう読み分けるとよいですか ・3つの「ニャーゴ」を音読するだけで，どの会話文か伝えることができますか
お手紙 ※p.78～参照	・がまくんのためにがんばるかえるくんは，とっても優しいな　人柄 ・がまくんの悲しい気持ちが，手紙で嬉しい気持ちになってよかった　変容 ・二人のやり取りが面白い　シリーズ ・なぜ，足の遅いかたつむりくんに手紙を渡してしまったのかな　周辺人物	○好きな登場人物は？ ・登場人物の好きなところはどこですか ・手紙は，かえるくんが自分で届けるか，もっと早く届けてくれる人に頼む方がよかったのではないですか ・手紙が届くまでの4日間，二人はどんなお話をしたのでしょうか
かさこじぞう	・自分も寒いのに，地蔵様に笠や手ぬぐいをあげるじいさまは優しい　人柄 ・いいことをしたじいさまが，よいお正月を迎えられてよかった　結末 ・地蔵様が来たのは，恩返しなのかな ・他のお話では出てこない言い方や歌がたくさんあって面白かった　語り	○この昔話のどんなところが面白い？ ・二人は，どんな話をしながら笠を編んだのでしょうか ・地蔵様に売れ残った笠をあげるのって，そんなに優しいことなのですか ・地蔵様は，なぜ，二人に餅などを届けたのでしょうか

3年　説明的文章

教材名	初読の際，想定される子どもの意識	○学習課題　・発問の例
自然のかくし絵	・保護色をもった虫が，こんなにたくさんいたんだな。初めて知ったよ ・前に2色のバッタを見たことがあった。周りの色と合わせているんだ ・せっかく保護色があっても，食べられてしまうこともあるんだね ・問いの文が2つあるね　問いと答え ・保護色が自然の隠し絵って，どういうことなんだろう　まとめ	○矢島さんの言いたいことを，できるだけ短くまとめるコツは何かな ・文章を「始め−中−終わり」に分けよう…③段落は，始め？　中？ ・筆者が一番伝えたい段落はどれ？ ・⑫段落のことを伝えるのに，3つの例が必要ですか，減らしてもよいですか ・3つの例の順番は，変えてもよいですか，このままがよいですか
「ほけんだより」を読みくらべよう	・朝ご飯を食べるとエネルギーになり，食べないと元気がなくなるんだな ・どちらも呼びかけは同じだけれど，中の部分が違うね　共通点・相違点 ・図や表が入っているから，とても分かりやすかったよ　図・表 ・うちの保健の先生も，こんなふうに考えて保健だよりを出してくれていたのかな　筆者	○どちらの保健だよりを出すことにすればいいでしょうか ・2つの保健だよりは似ていますか（「○なら○」型と「×なら×」型の構造） ・1つ目の図を表に，2つ目の表を図にしたら，伝わり方は変わりますか ・先生の吹き出しの内容は，本文の5段落に変えても伝わりますか（2つの吹き出しの役割の違い）
パラリンピックが目指すもの	・オリンピックについてはよく見るけど，パラリンピックについてはよく知らなかったな ・2つのスポーツが紹介されていたね。ボッチャは初めて知ったよ　事例 ・問いの文は，ないみたいだね　問い ・単に勝てばよいというのではなくて，多様さの認められる社会をつくるという意味がある大会なのだね　結論	○説明文を読む半分の時間で，筆者の考えを伝えることのできるリーフレットがつくれるかな ・「大切なもの」と「目指すもの」は，同じですか，違いますか ・「中」の事例は，「終わり」で述べたいことの例になっていますか ・リーフレットには，どんな事例を入れたいですか
人をつつむ形—世界の家めぐり	・面白い家が，たくさんあったよ。僕はチュニジアの家で部屋を造りたいな ・扉ページの家の説明は，ないのか…他の家についても知りたくなったよ ・絵のページに詳しく書いてあるから，本文以上のことが分かるね　資料 ・この説明文は，今までのように「始め−中−終わり」で分けられるのかな。「終わり」がないような…　構成	○どの家も「人をつつむ形」といえるかな〜調べた家を紹介しよう ・どの家のことがすごいと思いましたか ・「終わり」がないけれど，筆者の考えをまとめた段落はないのですか ・「人をつつむ形」の「人」とは誰ですか。「つつむ」とはどうすることですか ・この説明文の最後に，まとめをつくるとしたら，どんなことを書きますか

3年　文学的文章

教材名	初読の際，想定される子どもの意識	○学習課題　・発問の例
すいせんの ラッパ	・春らしくてうきうきする話だね ・「はらへった。～どっすん・ぽこ」つい声に出したくなるね　擬態語・リズム ・3匹のかえるの様子がどれも違うのがいいよね。リボンがえるが面白い ・私は，豆つぶがえるがかわいくて好きだな　場面・登場人物の違い	○場面の様子の違いを，音読で表すことができるかな ・どの場面が好きですか，その理由は？ ・3つの場面で違うのは，かえるの様子だけですか ・好きな場面の中でも好きな部分はどこですか。どう音読したら伝わりますか
はりねずみ と金貨	・出てくるみんなが，はりねずみに優しくしてくれてよかった ・それぞれの動物たちが得意を生かすことで，欲しいものがだんだん揃っていくのが面白い　場面の移り変わり ・なぜ，はりねずみは，金貨をまた置いてしまったのだろう　人柄	○どんな話かが分かった上で，読みたくなるような作品紹介とは？ ・誰のことが優しいと思いましたか ・最初に金貨を手にしているはりねずみと，最後で，違うことは何でしょうか ・つくったあらすじのどこを「？」にすると，読みたさを引き出せるでしょうか
サーカスの ライオン	・命がけで男の子を救ったじんざはすごいけど，死んでしまうのは悲しい ・男の子が優しくしてくれて，じんざは嬉しかっただろうな　対人物 ・老いぼれていたじんざが，金色に光るライオンになるなんてすごい　変容 ・最後の場面，おじさんやお客も優しい	○じんざに伝えたいことは何？ ・「～なじんざが，…なじんざになる話」と，一文にまとめるとどうなりますか ・じんざの目は，何回出てくる？　4つの目から，どんな気持ちが分かりますか ・濁った目の「白」と最後の「金色」は，どんなところが違うのですか
モチモチの 木 ※p.84～参照	・豆太が灯を見ることができてよかった ・言葉遣いが他と違って面白い　語り ・結局せっちんに行けないのが面白い ・臆病な豆太が，じさまを助けることで勇気のある子になってよかった ・結局せっちんに行けない豆太は，勇気のある子になったのか　変容の有無	○豆太はどんな子どもなのだろうか ・豆太は臆病な子どもなのですか ・じさまは豆太のことをどう思っているのでしょうか ・豆太が見たかった灯と，今晩見た灯は同じ勇気でしょうか ・最後の語りは必要ですか
ゆうすげ村 の小さな旅 館―ウサギ のダイコン	・つぼみさんも美月もどちらも優しくて，温かい気持ちになったよ ・美月がうさぎだったというのが，最後に分かるところが面白い ・ああ，だから美月がもってきたのは，ウサギダイコンだったのか　しかけ ・食べたら耳がよくなるというのもあったね。もしかして，他にもあるのかな	○読んだ後の「ああ，なるほど」につながるおすすめの仕掛けはどれかな ・美月がうさぎだということに，どこで気づきましたか ・お話の中で，普通はそうならないなと思ったのはどこ？（仕掛けの発見） ・仕掛けは，分かりやすいのと難しいの，どちらが大切ですか（仕掛けの順序）

■ 4年　説明的文章

教材名	初読の際，想定される子どもの意識	○学習課題　・発問の例
ヤドカリと イソギンチャク	・ヤドカリとイソギンチャクが助け合っていることに納得したよ　主張 ・問いに答える形が3回繰り返されるから，読み進めやすいよ　問いと答え ・2つ目の実験の図が，4コマ漫画みたいで分かりやすいね　図 ・分からないことを実験して答えているのが面白いけど，3つ目の事例は実験していないのかな　科学読み物	○分かりやすさを生んでいる筆者の書き方の工夫は何だろうか ・「たがいに助け合って」いるということに納得しましたか ・2つ目の実験の図に吹き出しを入れるとどうなりますか ・題名を別のものに変えてもよいですか（「ヤドカリのイソギンチャク」「イソギンチャクとヤドカリ」など）
広告を読み くらべよう	・広告は毎日見ているけど，作り手の目的は考えたこともなかった　意図 ・同じ商品でも，広告によって伝わり方が変わるのが面白いね　資料の比較 ・私なら，家族みんなが使えることを伝えている広告1の方が気になるかな ・広告2は，誰に向けられたものかな。子ども？　親？　想定される読者 ・色の違いも関係があるのかな	○「最高」の広告って，どんなものかな ・2つの広告をよく見ると，誰の姿が見えてきますか（被写体，広告作成者，メーカー，読者など） ・とにかく目立てばよいのでしょうか ・今（コロナ禍／感冒流行期等）なら，どんな広告になるでしょうか ・（他の広告を見て）広告作成者のどんな意図と工夫が見えますか
くらしの中 の和と洋 ※p.52〜参照	・確かに，普段気にしなかったけれど，和室と洋室は結構違うのだなあ ・2つを比べているから，それぞれの良さがよく分かったよ　対比 ・なぜ，食や衣ではなく，住を取り上げたのかな　事例選択 ・うちには洋室しかないけれど，よく床に寝転んでいるなあ。和室の良さは，洋室でもいえるかも　事例の妥当性	○和と洋のどちらにも同じくらい良さがあると思ってもらえるコツとは？ ・説得力につながっている述べ方は，何ですか ・2つの比べ方（事例の選び方／事例の並べ方）は，説得力につながっていましたか ・「はしとフォーク」なら，どんなことを書くとよさそうですか
数え方を生 みだそう	・数え方は決まりだと思っていたけど，新しく生みだすこともできるんだね ・数え方の意味なんて考えてもみなかった。数え方をつくってみたくなったよ ・⑨⑩段落のような例があるから，新しく生みだすということに納得したよ ・好き嫌いは人によって違うから，それで数え方を決めるというのは，ちょっと納得できないな　事例の妥当性	○筆者の考えについて，どんな意見をもったかな ・新しい数え方を考えてみたいと思ったのは，どの部分を読んだからですか ・新しい数え方を考えてみて，筆者の主張への納得度は高まりましたか ・⑨⑩段落は，⑧段落の意見（色〜好き嫌いを表す数え方があれば便利・表情豊か）の例になっていますか

■ 4年　文学的文章

教材名	初読の際，想定される子どもの意識	○学習課題　・発問の例
こわれた千の楽器	・一人で全部できなくても，みんなで協力すればできるってすてきだな ・楽器たちは，変わることができて嬉しかっただろうね　変容 ・「こわれた千の楽器」なのに，「こわれた楽器は，一つもありません」とは，どういうことだろう　題名	○登場人物の気持ちの変化を音読で表すことができるかな ・声の明暗の差が最も大きい会話文は，どれとどれでしょうか ・結局楽器たちは，壊れているのですか ・月の存在は，物語の中でどんな役割をしているでしょうか
走れ	・僕も運動が苦手だから，のぶよの気持ちがよく分かるよ ・のぶよは，みんなを心配しているね ・ずっと辛そうだったのぶよが，笑えるようになってよかった。なぜ，のぶよは変われたのかな　変容 ・なぜ，同じびりなのに，今年は誇らしく思えるのだろう　対比	○のぶよにかけたい言葉は何？ ・朝，のぶよはけんじの質問に，はっきり答えた方がよいのではないですか ・のぶよの気持ちのどん底はどこですか ・びりなのに「そのまんま走れ」という応援でよいのでしょうか ・物語の中で最も変わったのは，のぶよの何なのでしょうか
一つの花	・みんなを苦しめる戦争はいやだ ・お父さんはなぜ，ゆみ子に最後に花をあげたのかな　行動の意味 ・花を一輪ではなくて，一つと数えるのには意味があるのかな　題名 ・最後のいっぱいのコスモスは，一つの花と関係があるのかな　結末・対比	○「一つの花」という題名は，付け替えることができるだろうか ・この物語の中心人物は誰ですか ・ゆみ子のいう「一つだけ」とお父さんのいう「一つだけ」は同じ意味ですか ・お父さんは，なぜ家族ではなく一つの花を見つめながら行ったのでしょう
ごんぎつね ※p.90〜参照	・兵十のためにがんばったのに，撃たれてしまうなんて，ごんがかわいそう ・なんで撃つんだ！と思ったけど，兵十は兵十でショックだろうな　対人物 ・加助め，なんで神様なんて言うんだ ・こんな結末を防ぐには，何が変わればよかったのだろう　因果	○物語の重要な文ランキングを作ろう〜どの文がどれだけ大切？ ・この物語を読んでいくために大切な一文はどれでしょうか…みんなで考えていきたい文はどれですか ・冒頭の一文から，何が分かりますか ・物語の続き話は，どうなるでしょうか
世界一美しいぼくの村	・終わり方がショックだった　結末 ・その後のことが全く書かれていないから，ヤモや家族がどうなったか気になって仕方がない　続き ・この場合，クライマックスはどこ？ ・世界一美しい村が，こんなに簡単になくなってしまうなんて…　題名・対比	○この結末がもたらす効果は？ ・この結末にショックを受けたのはなぜですか…全くの予想外でしたか ・ヤモにとって，春とはどんな季節？ ・戦争で破壊されたものは何でしょうか ・結末の後に続き言葉を置くとしたら，「だから／でも」どちらがよいですか

■ 5年 説明的文章

教材名	初読の際，想定される子どもの意識	○学習課題　・発問の例
動物たちが教えてくれる海の中のくらし	・動物の絵と矢印の長さで表す図は，見ただけでも分かりやすいね　図表 ・大きさにかかわらず泳ぐ速さが変わらないというのは，意外で面白いね ・でも，同じ種類なら大きい方が速いよ。体の大小の例に大人と子どもを挙げているのも納得できないな　妥当性 ・筆者が伝えたいのは，⑨段落かな？　⑩段落かな？　主張	○筆者の伝えたいことは，どこに表れているのだろう ・①段落の下の写真は効果的ですか…亀や魚の調査はしなくてよいのですか（調査の前提…「動物」の意味の確認） ・中の3つの事例は似ていますか？　削ることができるものがありますか ・「筆者の伝えたいこと＝結論」と考えてもよいですか
新聞記事を読み比べよう	・A社なら詳しい試合内容が分かるし，B社ならチームの道のりが分かるね ・同じ試合の結果を書いているのに，内容も印象もずいぶん違うな　比較 ・A社は藤本選手を中心にした試合の写真で内容に合っているけど，B社の写真で本文の内容が伝わるかな　写真 ・A社の見出しの方が内容は分かるけど，本文を読みたくなるのはB社かも	○本文・写真を基に，記者を超える見出しに付け替えることができるかな ・ネットでニュースが分かる時代に，新聞を読むよさは何でしょうか ・どちらが新聞記事の見出しで，どちらが先生作の見出しだと思いますか（本文と見出しのつながり） ・どんな見出しを付けると，本文の内容を伝えられそうですか
和の文化を受けつぐ―和菓子をさぐる	・和菓子はあまり食べたことがないけど，興味が湧いてきたよ ・歴史が長いだけではなくて，他の文化や様々な人も関わっているのだね。和菓子は奥深いな　事例 ・図や写真があるから，3つの事例で述べていることが分かりやすい　資料 ・筆者の主張は，和菓子だけでなく，和の文化にも触れているね　主張	○読んだ人がその文化を大切にしたくなるようなパンフレットにするには，何をどのように載せればよいかな ・3つの資料（図表・写真）で最も効果的だと思うのは，どれですか ・食べるだけの人を「文化を支える」と言うのは，言い過ぎではないですか ・歴史・文化・人のうち，特に欠かせない観点は？　他に考えられる観点は？
「弱いロボット」だからできること	・ロボットは強く便利な方がよいと思っていたから意外だったけど納得した ・これから成長していく赤ちゃんへの手助けと同じといえるかな　妥当性 ・ロボットと人間の関係から，人間同士の関係を述べているのだね　主張 ・資料を読むと，やはり最新の便利な技術は魅力的だよね…どちらを大切にしていけばいいかな　複数資料	○私たちは，テクノロジーとどのような未来を築いていけばよいのか ・題名は「弱いロボットにもできること」と置き換えることができますか ・弱いロボットと赤ちゃんの共通点はどこでしょうか ・説明文の主張と資料の主張に共通点はありますか…両方の考えを取り入れることはできそうですか

5年 文学的文章

教材名	初読の際，想定される子どもの意識	○学習課題 ・発問の例
だいじょうぶ だいじょうぶ	・ぼくの視点で語っているから，思いが直接伝わってくるよ　一人称視点 ・立場が逆になった2人はこれからどうなるのかな　登場人物の相互関係 ・「だいじょうぶ～」が何度も繰り返されるけれど，最後だけぼくに向けたものではないのだね　繰り返しと変化	○たくさんの「だいじょうぶ～」は，音読で違いを表すことができるかな ・語り手のぼくは，何歳くらいでしょう ・どの「だいじょうぶ～」も同じくらいの確信で唱えられていますか ・ぼくがおじいちゃんに「だいじょうぶ～」を言えるのは，なぜでしょうか
世界でいちばんやかましい音	・悪気のない話がどんどん広がっていくのが，面白いし怖い　山場の始まり ・世界一やかましい音が，まさか沈黙になるなんて意外　クライマックス ・たった1回の沈黙で王子様も町も真逆に変わってしまった…なぜこんなに大きな変化が起きたのだろう　変容	○お話の中で一番変わったものは何？ ・「○○が～によって……する話」で一文にまとめると，どうなりますか ・王子様の誕生日に沈黙をもたらした原因は何でしょうか ・アヒルも立て札もみんな変わったのに，歌は変わらなかったのでしょうか
注文の多い料理店	・不思議な世界に迷い込んだような面白さと怖さがあったよ　ファンタジー ・食べる，食べられる両方の意味で捉えられる言葉遣いが面白い　仕掛け ・僕は途中で気づいたけど，紳士はなぜ最後まで気づかないのかな　人物像 ・なぜ，紳士の顔は元通りにならなかったのかな　象徴	○なぜ，二人の紳士は，最後の最後まで山猫の罠に気づけないのだろうか ・不思議な世界の入口・出口はどこ？…前後で，紳士の何が変わりましたか ・扉の言葉の中で「これはうまい」「これはさすがに…」と思うのはどれですか ・「一人の紳士」でも同じ展開でしょうか ・「変わらない」という結末をどう思う？
大造じいさんとがん ※p.96～参照	・二人が知恵と心でぶつかり合うところが面白いね　登場人物の相互関係 ・特に最後の場面が，映画みたいでかっこいいな　描写 ・なぜ大造じいさんは，最後に残雪を獲らずに手当てまでしたのだろう ・二人は来年も勝負をするのかな	○大造じいさんは狩人なのに，なぜ残雪を狩らなかったのだろうか ・もっと知りたいと思うことは何ですか？ ・大造じいさんの作戦で，卑怯だと思うやり方はありますか…一番そう思うのは？ ・大造じいさんが思っている卑怯とは，どのようなことですか
手塚治虫	・漫画は大好きだけど，治虫が始めたことがこんなにあるとは知らなかった ・死の直前まで漫画と向き合うなんて，すごい。何がそこまで治虫を動かしたのかな　生き方・信念 ・伝記は人物の生き方が分かるけど，物語とは少し違うね　伝記という文種	○伝記の人物の生き方は，自分の生き方に何を伝えてくれるだろう ・治虫の漫画が，ひときわ多くの人に影響を与えたのは，なぜでしょうか ・治虫が漫画を書けなくなるピンチは，なかったのでしょうか（事例選択） ・治虫にキャッチフレーズを付けると？

■ 6年　説明的文章

教材名	初読の際，想定される子どもの意識	○学習課題　・発問の例
イースター島にはなぜ森林がないのか	・木を切ったりラットを逃がしたりしたことが，こんな結果につながるとは ・島がこんな悲惨な運命をたどる前に，自分たちで止められなかったのかな ・論の進め方がすっきりしていて，様々な原因が絡んで森林が消えたことに納得できたよ　三部構成 ・筆者が一番言いたいことは，どの段落に書かれていることかな　主張・要旨	○筆者の主張（意見と根拠のつながり）への納得度は，どのくらいかな ・題名や③段落の問いに対する答えは，どの段落に書かれていますか ・筆者が最も主張したいことは，どの段落に書かれていますか ・筆者の主張を支えているのは，どの事例ですか（段落構成図） ・どんなメッセージを受け取りましたか
インターネットの投稿を読み比べよう	・私と同じ立場なのに納得できない意見もあれば，その逆もあるな　立場 ・他者の意見をちゃんと受け止めて書いている投稿は，素直に心に届くよ ・調査の結果を用いて述べている投稿は，やはり説得力があるね　引用 ・議論が進んでいくうちに，だんだん「健康か勝利のどちらか」とは言い切れなくなっている気がする　議論の流れ	○説得力のある投稿とは？ ・テーマについての投稿を，自分の立場を明らかにして書いてみましょう ・教科書の11の投稿のうち，最も納得できるものはどれですか ・自分と反対の立場の投稿で，最も説得力があると感じたのはどれですか ・見出した工夫を使って，自分の意見を改めて書くとどうなりますか
町の幸福論―コミュニティデザインを考える	・自分たちで町の未来を描くことが大切なのだね。僕らの町だとどうなるかな ・社会科や総合で，町について考えたこととつながりそうだね　教科横断 ・表やグラフは分かりやすいけど，データが古いのが気になるな　資料 ・主体性と未来のイメージが大切という主張がよく分かったよ。でも「町の幸福」が何かは，まだ曖昧だな　主張	○地域の人がワクワクするようなプレゼンテーションに必要なのは？ ・公園や高校の事例の詳しさに比べ，分量的にも少ない土祭の事例は必要ですか ・3つの事例の資料（写真，表・グラフ，図）の効果は高いでしょうか ・自分たちが描いた未来と町の現状がつながる町づくりの事例があげられていますか？　初見で伝わる資料ですか
プロフェッショナルたち	・僕にも夢があるから，この3人みたいにその道を究めていけたらいいな ・職業も仕事ぶりも違う3人だけど，全員信念がしっかりしている　共通点 ・短く言い切る文でテンポがいいから，今までの説明文と印象が違う　文体 ・①段落でまとめてから事例を3つ…「人をつつむ形」のように，事例を比べて読めばいいかな　頭括型・比較	○数あるプロフェッショナルの中から，この3人を取り上げたのはなぜ？ ・最もプロフェッショナルらしさを感じたのは，誰のどのエピソードですか？…挙がらなかった○○のエピソードは必要ですか ・3つの事例の共通点は何ですか…そこから，「プロフェッショナルとは」とまとめることができますか

■ 6年　文学的文章

教材名	初読の際，想定される子どもの意識	○学習課題　・発問の例
サボテンの花	・なぜ，サボテンは風の誘いに乗らず，砂漠に立ち続けたのだろう ・なぜ，サボテンは切りつけられても後悔していないのだろう　人物像 ・結局，風とサボテンは，どちらが正しかったのだろう ・題名の「花」や「おどろくほど美しい花」は，何を表しているのかな　象徴	○友達との読みの違いを，朗読で表現できるだろうか ・風の会話文は，説得するように読む？馬鹿にするように読む？ ・サボテンの2つの会話文は，同じように読む？　変えて読む？ ・「だれ一人見ることのない花」は，誰のための花といえるでしょうか
風切るつばさ	・クルルが，また2人で飛べてよかった ・こんなに苦しんだクルルとカララは，また元の群れに戻るのかな ・クルルにとってのカララ，カララにとってのクルルはどんな存在かな　登場人物の相互関係 ・クルルは，なぜ，また飛べるようになったのだろう　変容	○飛べなかったクルルを，再び飛べるようにしたものは何だろうか ・クルルを追い詰めたものは，何だったのでしょうか ・なぜ，今まで黙っていたカララは，最後になって戻ってきたのでしょうか ・2つの場面の「つばさの音」は，何が違うのでしょうか
海のいのち ※p.102〜参照	・太一はなぜ，あれほど追い求めてきた瀬の主と戦わなかったのかな　変容 ・「海のいのち」って，結局何のことなのだろう　題名・象徴 ・父と与吉じいさ，太一の生き方は似てる？　違う？　登場人物の相互関係 ・瀬の主を獲っていないのに，村一番の漁師であり続けられるものなのかな ・「もちろん〜話さなかった」のはなぜ	○「海のいのち」とは何か？ ・父／与吉じいさは，どんな人物ですか ・太一が母から影響を受けていたことが分かる一文はどれですか ・「本当の一人前の漁師」と「村一番の漁師」の違いはなんですか ・（クエと瀬の主）同じものなのに，なぜ呼び方が違うのでしょう ・2つの「海のいのち」は同じですか
ヒロシマのうた	・前半の原爆の描写は，あまりにも残酷で，読んでいるのが辛くなったよ ・同じく戦争を描いた「一つの花」の今西祐行さんの作品なのだね　作者 ・大変な時代でも，いろんな人が，人間として生きてきた姿に心打たれたよ ・この話の中心人物は，わたしだろうか，ヒロ子だろうか　中心人物 ・なぜヒロ子は，刺繍の図柄に，母を奪った原子雲を選んだのだろうか　象徴	○共に戦争と平和について考えるため，友達にどんな本を推薦したいか ・なぜ，兵長に叱られた場面で，戦争が悲しいものだと知ったのでしょうか ・「よかったですね」というわたしの言葉は，なぜ出てきたのでしょうか ・わたしは，刺繍をどう受け止めた？ ・わたしにとっての「十五年の年月の流れ」は，明るいもの？　暗いもの？（わたしの変容，結末の一文の象徴性）

（花岡　鉄平）

おわりに

　本書は，中国・国語教育探究の会の会員で執筆した4冊目の本です。本会は，平成7年に結成され，月例会と研究大会を中心に，国語科授業力の向上のために活動を展開しています。

　結成時からの会員であり，元代表・現特別顧問として会を牽引してきたのが，尾川佳己氏です。尾川先生は，折に触れて次のような言葉をわたしたちに投げかけてくださいます。

「授業へのロマン・児童への情熱・実践へのアイデアと論理性」

　特に，「実践へのアイデアと論理性」ということを大切にされ，著書『個が生きる国語の授業を求めて　実践の足跡』の中で，「理論に裏打ちされた実践と，実践から導き出された理論との融合をめざしてほしい」という願いを記されています。

　本書の執筆に際しては，「提案読み」と「批評読み」の理論を，どのように実践につなげていくのかという点に難しさと面白さがありました。12人の実践者は，「理論を上手に生かして，提案性のある実践をしたい」という思いをもち，岸本氏と中野氏は，「実践を通してよりよい理論にしたい」という思いをもって検討を重ねました。理論と実践との融合をめざしたこのような姿は，尾川先生の願いを，わたしたちが体現したものであると感じています。

　月例会がオンラインでの開催となり，尾川先生には一度も執筆原稿を読んでいただく機会がありませんでした。わたしたちが検討を重ね出版した本書を尾川先生に手渡し，御意見をいただく日が楽しみでなりません。

　読者の皆様，最後までお読みいただきありがとうございました。本書に掲載している実践を事前に検討する際，めざす子どもの姿に対して，学習課題や発問をどのように変えればよいのか悩みました。指導案だけを見ると，今までの授業とどこが変わったのだろうか，これでよいのだろうかという思いも浮かんできました。しかし，実践した報告を見ると，これまでとは違う子どもの姿が確かに表れてきていることが感じられました。読者の皆様にも，そのようなことを感じていただけると幸いです。実践を通して得たものを整理し，次の機会に提案できればと思います。

　わたしたちは，今後も「実践へのアイデアと論理性」を大切にしながら研究を進めてまいります。本書の提案に対して，御忌憚のない御意見をお願い申し上げます。

2021年7月

住江　めぐみ

【執筆者一覧】 （執筆順）

岸本　憲一良　　山口大学教授

中野　登志美　　宮崎大学准教授

花岡　鉄平　　　山口県周南市立夜市小学校

住江　めぐみ　　やまぐち総合教育支援センター研究指導主事

香月　正登　　　梅光学院大学准教授

阿蘇　真早子　　広島県広島市立天満小学校

有田　友萌　　　山口大学教育学部附属光小学校

柴田　明日香　　佐賀県上峰町立上峰小学校

田中　章憲　　　山口大学教育学部附属光小学校

小泉　芳男　　　広島県広島市立袋町小学校

山本　侑子　　　山口県山口市立白石小学校

五十部　大暁　　山口大学教育学部附属山口小学校

白坂　洋一　　　筑波大学附属小学校

川村　真理恵　　山口県長門市立仙崎小学校

大澤　八千枝　　広島県三次市立十日市小学校

木原　陽子　　　山口県長門市立浅田小学校

西本　充志　　　山口県下関市立豊浦小学校

長安　邦浩　　　山口県美祢市立大嶺小学校校長

叶井　晴美　　　山口県岩国市立通津小学校

後藤　由美恵　　山口県美祢市立綾木小学校教頭

【監修者紹介】

岸本 憲一良（きしもと けんいちろう）

山口大学教育学部教授。兵庫教育大学大学院修了。奈良県公立小学校教諭，同県教育委員会指導主事を経て現職。専門は小学校教育，国語教育学。中国・国語教育探究の会顧問，日本国語教育学会山口県理事，全国大学国語教育学会会員。

中野 登志美（なかの としみ）

宮崎大学教育学部准教授。関西学院大学文学研究科博士課程単位取得満期退学を経て，広島大学教育学研究科博士課程を修了。博士（教育学）。専門は国語教育学。小学校・中学校・高等学校の文学の教材分析や学習指導論の研究を行っている。

【編著者紹介】

花岡 鉄平（はなおか てっぺい）

山口大学教育学部卒。公立小学校や山口大学教育学部附属光小学校で教諭として，やまぐち総合教育支援センターで研究指導主事として勤務した後，現在，周南市立夜市小学校勤務。中国・国語教育探究の会で事務局長を務める。

住江 めぐみ（すみえ めぐみ）

京都教育大学卒。公立小学校や山口大学教育学部附属光小学校で教諭として勤務した後，現在，やまぐち総合教育支援センターで研究指導主事として勤務。中国・国語教育探究の会で大会事務局を務める。

【著者紹介】

中国・国語教育探究の会

平成7年発足。中国地方の実践者・研究者で組織される研究会で，現代表は香月正登（梅光学院大）。中洌正堯顧問（元兵教大学長），吉川芳則代表（兵教大）を全体の指導者とし，全国6地区と切磋琢磨しながら理論と実践の融合を図る。近著『3つの視点で実現する！小学校国語科アクティブ・ラーニング型発問づくり』（明治図書，2016.7）。

小学校国語科 「提案読み」「批評読み」の
課題・発問モデル

2021年9月初版第1刷刊　監　修　岸本憲一良・中野登志美
　　　　　　　　　　ⓒ編著者　花岡鉄平・住江めぐみ
　　　　　　　　　　　著　者　中国・国語教育探究の会
　　　　　　　　　　　発行者　藤　原　光　政
　　　　　　　　　　　発行所　明治図書出版株式会社
　　　　　　　　　　　　　　　http://www.meijitosho.co.jp
　　　　　　　　　　　　　　　　　　（企画・校正）大江文武
　　　　　　　〒114-0023　東京都北区滝野川7-46-1
　　　　　　　振替00160-5-151318　電話03(5907)6702
　　　　　　　　　　　　　　　ご注文窓口　電話03(5907)6668
＊検印省略　　　　　　　組版所　中　央　美　版

Printed in Japan　　　　　ISBN978-4-18-379915-9
もれなくクーポンがもらえる！読者アンケートはこちらから →